타조는 멍청하지 않다

타조는 멍청하지 않다

초판 1쇄 인쇄 | 2024년 11월 30일
지은이 | 박종국
펴낸이 | 박 현
펴낸곳 | 느림보거북이
주　소 | 경상남도 함안군 가야읍 함안대로 523 함안우체국 사서함 6호
전　화 | 010-5412-9988
E-mail | nlimbogeobuki@daum.net

등록번호　제2021-000002
등록일자　2021년 11월 29일

ISBN　979-11-990133-0-8

- 책값은 표지 뒤에 있습니다.
- 잘못된 책은 구입하신 서점에서 교환해드립니다.
- 이 책의 내용 전부 또는 일부를 이용하려면 반드시 저작권자와 출판사의 허락을 받아야 합니다.

타조는 멍청하지 않다

행복은 멀리 존재하지 않는다

박종국 수필집

느린보
거북이

글쓴이 글

어렵고 힘들 때는

삶이 힘겨울 때 새벽시장에 나가보라.
밤이 낮인 듯 치열하게 살아가는 상인을 보면 힘이 절로 생긴다.
그래도 힘이 나지 않을 땐 따뜻한 국밥 한 그릇 먹어보라.
국물 맛 끝내준다.
한없이 초라하고 작게 느껴질 때, 산에 올라가 보라.
정상에서 내려다본 세상은 백만장자 부럽지 않다.
아무리 큰 빌딩도 내 발아래 위치한다.
그리고 큰소리로 외쳐 보라.
"나는 그 무엇도 부럽지 않다!"
죽고 싶을 땐 병원에 가 보라.
버리려 했던 목숨을 그들은 처절하게 지키려 애쓴다.
흔히 파리 목숨이라고 하지만, 쇠심줄보다 질긴 게 사람 목숨이다.
인생이 갑갑할 때 버스 여행 한번 떠나보라.
수많은 많은 사람을 만나고, 무수히 많은 풍경을 본다.

숱한 세상일을 보면서 활짝 펼쳐질 내 인생을 그려보라.

비록 지금은 한 치 앞도 보이지 않아 갑갑하여도 분명 앞으로 펼쳐질 내 인생은 탄탄대로이다.

진정한 행복은 따뜻한 아랫목에 배를 깔고 엎드려 재밌는 책을 보며 김치부침개를 먹어보라.

세상을 다 가진 듯 행복하다.

행복은 멀리 존재하지 않는다.

하루를 마감할 때 밤하늘을 올려다보라.

아침에 지각해서 허둥거렸던 일, 간신히 앉은자리 어쩔 수 없이 양보하면서 살짝 했던 욕들, 하는 일마다 꼬여 눈물 쏟을뻔한 일은 밤하늘에 다 날려 버리고, 활기찬 내일을 준비하라.

문득 자신의 나이가 너무 많다고 느껴질 때, 100부터 거꾸로 세어 보라.

지금 당신의 나이는 그리 많지 않다.

어렵고 힘들 때 하늘을 보라.

그리고 심호흡 크게 한번 해 보라. 세상에 당신이 최고다.

2024년 시월 어느 바람결 좋은 날
돌담처럼 태풍에도 무너지지 않는 인간관계를 만들고 싶은
박종국

글쓴이 글 · 어렵고 힘들 때는   4

1부   난 할머니랑 똑같은 안경을 쓸 거야

난 할머니랑 똑같은 안경을 쓸 거야   14

내 자식을 사랑하거든   16

유별난 부모의 자식 사랑   18

부모 사랑이 애달픈 아이   22

잘 노는 아이   25

책 읽으라는 다그침   29

우리의 중산층 기준, 낯부끄럽다   32

격려의 말 한마디   36

자식의 소질을 잘 아는 사람, 부모   38

어느 특별한 인연   41

땅콩과 깔때기   44

아버지의 목발   50

2부   우리 삶의 마지막에는 무엇이 남을까?

우리 삶의 마지막에는 무엇이 남을까?	55
가장 확실한 자본은 정직이다	57
남을 탓하지 마라	59
소소한 배려	61
때로 냉정함이 필요하다	63
우리가 진정 원하는 삶	66
무엇이든 넘쳐서 좋을 게 없다	70
화택(火宅)	74
2080 건강한 치아	77
인생무상	80
우아하게 늙기	83
밑불 같은 사랑	86

옹색한 그릇	88
어떤 배려	91
사랑의 온도	93
인사 한마디의 위력	95
사랑을 아끼지 마라	97
감정 언어	99
건강한 인간관계	101
큰 돌과 작은 돌	103
절실한 마음의 힘	105
어느 며느리의 지혜	107
울지 않는 바이올린	110
침묵의 힘	112
행복의 시작	114
소소한 취미생활, 그 어떤 보약보다 낫다	116

3부 나이 듦은 아름답다

나이 듦은 아름답다	121
콩깍지 사랑의 롤러코스터	125
칼로 물 베기	130
사오정과 오륙도	133
세상, 미덥게 살아야	136
신선한 삶의 기술	139
말 잘하는 비결	142
지고지순한 사랑 이야기	144
지금 사랑하라	146
용서와 은혜	148
노년의 멋	150
오래 살려면	153
어느 할머니의 수줍은 고백	156
아름다운 얼굴 주름살	158
엉뚱한 메뉴가 나오는 식당	160
엄마와 도시락	162
청산도 슈바이처	165
아프리카 바벰바족의 용서	167
가슴 따뜻해지는 이야기	169

4부 혼자 살 수 없는 나무

혼자 살 수 없는 나무 173
독서는 마음을 채우는 그릇이다 175
야누스 177
교사의 열패감 182
걸핏하면 상호가 바뀐다 186
인간 세상이 망한다면 무엇이 남을까 189
반편이 193
신기한 일 196
실패를 보는 눈 200
노력할수록 운이 더 좋아진다 202
아름다운 노년의 삶 204

멋진 장미꽃을 얻으려면	208
넬슨 만델라 희망 이야기	211
어느 의사의 유언	214
친절의 힘	216
함께 나누는 행복	218
어느 할머니의 손녀 사랑	221
인생 역전의 주인공	223
행복을 느끼는 감도	225
빈틈의 여유	227
타조는 멍청하지 않다	229

1부

난 할머니랑 똑같은 안경을 쓸 거야

난 할머니랑 똑같은 안경을 쓸 거야

한 아이가 말했다.
"난 크면 우리 할머니랑 똑같은 안경을 쓸 거야. 할머니는 그 누구보다 사람의 좋은 점을 잘 보시거든. 많은 사람이 그 사람의 나쁜 점을 꼬집어도 할머니는 좋은 점을 보신단 말이야. 어떻게 좋은 점을 잘 보시느냐고 여쭤봤더니, 할머니는 나이가 들면서 그렇게 세상을 보는 법을 배웠다고 하셨어. 그러니까 나도 나이가 들면 할머니랑 똑같은 안경을 쓰고 싶어. 그 안경을 쓰면 나도 여러 사람의 좋은 점만 볼 거 아냐."

우리도 할머니의 안경을 쓴다면 세상이 얼마나 달보드레해질까? 내가 남의 좋은 점을 달뜨게 찾아내고, 남도 내게서 좋은 점을 냉큼 찾아낸다면, 하는 일마다 즐겁지 않겠는가?

누구나 달콤함을 찾는 벌새처럼 살아야 한다. 그런데 실제로는 썩고 추한 먹이만 찾아 헤매는 말똥가리를 닮았다. 끝없는 욕심 때문에 그러하겠지만. 항상 주변 사람을 좋게 챙겨보는 할머니의 눈을 가지고 살아야 한다. 나잇살 더해갈수록 더욱더.

친구 도중(道中), 그를 만나면 가슴이 설렌다. 사람 만나는 일이 이처럼 좋다면 그 무엇에 얼굴 붉히며 목청 돋우랴? 봉림사 불교대학에 적을 두었을 때 주지 스님의 법문이 떠오른다. "산문에 살다 보니 애처롭게 울어대는 풀벌레 한 마리한테도 애절한 사랑을 배운다."

사랑하며 살아도 짧은 세월, 같잖은 일로 서로의 마음을 아프게 할 까닭이 없다. 사소한 일 하나도 서로 마음을 열어젖히면 세상은 아름다운 꽃밭이다. 오직 자신만을 믿고 하늘 같은 마음으로 산다고 생각해보라. 그 얼마나 행복한 일인가!

짧은 세상, 서로 어깨를 나란히 하고 사랑할 일이다.

내 자식을 사랑하거든

평소 아랫사람에게는 자상했던 황희 정승. 그러나 유독 아들에게는 엄격했다.

그중에 아들 하나가 골칫거리였다. 방탕한 짓을 자주해서 외출만 하면 고주망태가 되어 늦은 시간에 귀가하곤 했다.

아들의 버릇을 고쳐야겠다고 작정한 황희 정승, 하루는, 관복을 차려입고 대문까지 나가 아들을 맞이했다.

"이제 들어 오십니까?"

아들은 깜짝 놀라며

"아버님 왜 이러십니까?"

라며 까닭을 물었다.

그러자 황희 정승은 이렇게 말했다.

"무릇 자식이 아비의 말을 듣지 않으면 내 집안의 사람이라고 할 수 없습니다. 그렇게 되면 자식이 아니라 내 집에 온 손님이나 마찬가지가 되지요. 내 집에 찾아온 손님을 정중하게 맞이하는 게 예의인즉, 지금 저는 손님을 맞이할 뿐입니다."

이 말은 들은 아들은 자신의 잘못을 뉘우치고 다시는 방탕한 생활을 하지 않았다.

열 마디 질책보다 한 번의 진심 어린 가르침이 많은 걸 깨닫게 한다. 한데, 지금 세상은 어떤가? 그저 내 자식이 예쁘다고 돌돌 빨다시피 귀여워한다. 이건 숫제 자식이 아니고 금덩이다. 그러니 아이가 마땅히 지녀야 할 예의범절은 소풍 간 지 오래다.

자식을 사랑할수록 훈계를 게을리하지 말라고 했다. 진정 자식을 위한다면 바른 인간의 도리를 가르쳐 주고, 그릇된 도리에 빠지지 않도록 해야 한다.

그런데도 항간에 빚어지는 각종 사건사고를 지켜보면 아연하다. 너무나도 근본을 잊어버린 탓이다.

문제 부모는 많아도 문제 아이는 없다.

단정적으로 아이들 일탈행동은 부모의 양육 태도 때문이다.

부모가 바로 서면 아이도 바로 선다.

유별난 부모의 자식 사랑

　나폴레옹은,
"프랑스여, 위대한 어머니를 가지게 하라. 그리하면 위대한 자녀를 갖게 된다. 위대한 어머니, 그것은 한 국가가 소유한 재물 가운데 최대의 보배이다."
　라고 말했다.
　두고두고 곱씹어 볼 만한 말이다. 자식을 사랑하는 마음은 나라별로 큰 차이가 없다. 그렇지만 우리나라 부모의 자식 사랑은 참 유별나다. 그러다 보니 빗나간 자식 사랑으로 사회적 물의도 심심찮다.
　연전 한 기업 총수의 무분별한 자식 사랑이 화두가 되었다. 애지중지하던 아들이 폭행을 당하자 폭력을 가한 사람을 찾아내

보복폭력을 했다. 사회 지도층 인사의 이러한 처사는 결국 사회적 지탄받았고, 법적 처벌로 일단락되었다. 빗나간 자식 사랑의 원형을 보는 듯 먹먹해진다.

또, 몇 해 전에는 빗나간 모정은 급기야 입시 부정을 저지르기도 했다. 어머니는 아들의 장래를 위해 어떤 방법을 써서라도 명문대에 보내야 한다는 욕심에 삿된 마음을 앞세웠다. 그러나 사단의 뒤끝은 결국 자신은 물론, 그토록 사랑했던 아들마저 돌이킬 수 없는 상처를 주었다.

이 같은 고슴도치 부모의 사랑은 비단 어제오늘의 일이 아니다. 고슴도치는 가시에 찔리면서도 제 새끼를 품어 안는다. 사랑한다고 해서 모두 사랑이 아니다. 사랑의 부추김은 느긋하게 기다려줄 줄 알아야 한다. 힘든 과정을 이겨내지 못한 사람은 참사람을 모른다.

한쪽으로 치우친 사람은 끝내 파멸로 몰고 간다. 사랑한다는 이유로 도리어 상처를 주고, 인생마저 망쳐 버린 일들이 수없이 많다! 특히 무절제한 자식 사랑은 치명적인 상처로 남아 치유할 수 없는 나락에 빠진다.

비가 내리는 날이었다. 그냥 비 맞으며 걸어도 괜찮을 날씨였다. 그런데도 종종걸음으로 아이를 데리러 오는 엄마가 많았다.

양손에 우산을 챙겨 들었다. 아이는 실비를 맞으며 집에 간다는데, 엄마의 생각은 달랐다.

'내 아이만큼은 비를 맞아서는 안 된다.'

아무리 산성비가 내린다고 해도 아이에게 그쯤은 거리낌 없다. 한데도 친절한 엄마는, 아이의 가방까지 대신 들어주며 자신은 비를 맞아도 아이만 우산을 씌우고 간다. 참 씁쓰레한 풍경이었다.

훗날 아이가 그러한 부모의 모습을 어떻게 기억할까?

근래 들어 이러한 빗나간 자식 사랑은 결국 '헬리콥터 부모'라는 신조어까지 만들어냈다. 이들 부모는 헬리콥터처럼 자녀 주변을 맴돌며 간섭을 멈추지 않는다. 부모의 빗나간 자식 사랑으로 인하여 그 피해는 온전히 자식의 몫이다. 모든 걸 다 챙겨주는 덕분에 자식은 독립심을 잃을 뿐만 아니라, 다 커서도 부모에게 의존하는 응석받이 '캥거루족'으로 살아간다.

자식은 부모 대리만족의 대상이 아니다. 언제까지나 자식 곁을 빙빙 돌며 집착하는 못난 부모로 살려는지 한 번쯤 생각해 볼 일이다. 자식을 하나의 인격체로서 당당히 서게 배려하는 위대한 부모가 되어야 한다. 헬리콥터 부모는 자식을 캥거루족으로 만든다. 그렇지만, 위대한 부모는 자기 정체성을 지닌 자유인으로 성장시킨다.

어떤 부모가 될지 생각하기 전에 먼저 자식에 대한 집착을 버려야 한다. 내 자식이 눈에 넣어도 아프지 않다면 더더욱 부모의 손길에 냉정해야 한다. 진정으로 자식을 사랑하는 위대한 부모는 아이의 존재를 자신과 동등하게 생각한다.

부모 사랑이 애달픈 아이

　점심시간 무리 지어 노는 아이와 얘기를 나눴다. 이런저런 이야기를 나누다가 부모에게 하고픈 '불만 꼭지'를 틀어봤다. 봇물 터지듯 쉼 없었다. 아이 눈에 비친 부모의 모습은 언제나 자랑스럽고 포근했다. 그렇지만, 당장에 파고들 품이 없는 아이에게 부모는 어둡게 굴절되어 나타났다. 아이는 그다지 큰 걸 바라지 않는다. 그저 마음 편하게 놓여나고, 제 하고픈 일 막힘없이 즐거웠으면 한다. 그런데도 아이의 일상은 마음 아픈 게 많았다.

　"저는 엄마가 없어요. 세 살 때 할머니에게 맡기고 집을 나가서 아직 소식도 없고, 아빠도·어디로 갔는지 몰라요. 그래서 지금 할머니랑 살아요."

　"아버지께서 먼데 일하고 계시는데, 엄마랑 사이가 좋지 않아요."

"집안 분위기는 그저 그렇습니다. 엄마는 친절한 편이지만 술을 너무 많이 마시고, 아빠는 착하신데 담배를 끊지 못합니다. 부모님께 드릴 말씀이 많습니다. 제발 우리 보는 앞에서 싸우지 마세요!"

"집안 분위기는 좋은데, 나를 다른 친구와 비교하지 않았으면 좋겠어요. 형제가 없어서 가끔 혼자 무척 외로워요. 하지만 친구들이 많아 행복해요."

"평소 부모님은 저를 잘 챙겨주시는 편입니다. 그렇지만 아무 일도 아닌데 화를 냅니다. 한 번씩 우리를 자식이 아닌 듯 대합니다. 여러 가지 일로 힘들겠지만, 부모님이 화를 낼 때는 정말 두렵습니다."

"엄마는 내가 하고 싶은 걸 잘 챙겨주시니까 좋습니다. 그렇지만 음식을 먹을 때 먹고 싶지 않은 걸 억지로 먹으라고 할 때는 정말 싫습니다. 아빠는 일요일이나 공휴일에 낚시 가면서 데리고 가서 좋습니다. 하지만 공부 안 한다고 화를 낼 때는 싫습니다."

"엄마는 돌아가셔서 안 계시지만, 아버지와 친하게 지내서 대화가 잘 됩니다. 친구같이 포근합니다."

아이의 눈에 비친 부모의 모습이다. 물론 모든 아이가 어두운 모습만 보이는 게 아니다. 다들 웃음이 넘치는 가정이라는 걸 자랑스럽게 이야기했다. 부모님이 다정하고 포근해서 불평불만은 그리 많지 않다고 얘기다. 그러나 조그만 일을 두고 마음을 나누지 못해 아이의 마음을 다치게 하는 경우가 많았다. 아이의 마음은 순수하다. 그래서 제 생각을 그대로 표현하지 못해 안타까워했다. 아이의 눈높이로 들여다보면 그런 일이 없을 텐데.

다들 사는 형편이 팍팍하다. 도시 사람 못지않게 지금은 농촌은 뼛골이 맞닿도록 피폐해졌다. 부모의 이혼으로 결손가정이 많다. 그 때문에 아이들의 삶이 쉽게 저당 잡힌다. 제 먹을 복은 스스로 타고난다지만, 아이를 무책임하게 내팽개쳐서는 안 된다.

많은 아이가 따뜻한 부모님의 사랑을 그리워한다. 교감인 내 위치에서 그림자처럼 헤아려주기는 어렵다. 그뿐만 아니라 하교 후의 일에 대해서는 그렇게 뾰족한 방안을 찾지 못한다.

아이들의 볼멘소리가 귓전에 맴돈다. 날 밝으면 다시 만나겠지만 어딘지 모르게 구김살이 진 아이에게 살맛 나는 이야기가 많았으면 좋겠다. 어리지만 사춘기 자존심이 강한 아이들이라 대놓고 챙겨 들지는 못한다. 하지만 손 가는 대로 따뜻이 챙겨보련다. 주변에 부모의 사랑이 그리운 아이들, 내 자식 돌보듯 오롯이 챙겨주었으면 하는 바람이다.

잘 노는 아이

노는 모습을 보면 아이들 활기가 확연하게 드러난다. 몸짓부터 다르다. 잘 노는 아이는 활기차고 공부도 재밌어한다. 놀이를 통해서 표출되는 에너지가 다르기 때문이다. 세 살배기 우리 집 강아지 행자도 잘 놀아 무척 건강하다.

논다고 해서 무작정 시간을 소비하는 게 아니다. 놀이는 돈으로 사는 휴식과도 다르다. 성장기 아이에게 중요한 일은 놀이다. 잘 놀아야 건강하고, 창의성 풍부한 아이로 자란다. 이제 막 걸음마를 시작한 아이에게 놂은 건강 이상의 의미다.

돌배기 아이는 부모와 놀면서 세상살이를 시작하고, 마침내 베꾸마당으로 나가 또래와 어울려 사회를 배운다. 놀이는 아이에게 경이로움의 대상이다. 벼는 농부의 발걸음 소리를 듣고 여문다. 하지만 아이를 애써 끼고 돌본다고 해서 잘 자라지 않는다.

아이는 잘 놀아야 잘 큰다. 분명 잘 노는 아이가 에너지가 많다. 놀이에 흠뻑 빠지는 아이는 일마다 즐겁고 재밌어한다. 하여 여느 아이 보다 어울림이 좋고, 향상성이 유다르며, 성취동기를 크게 갖는다.

아이의 마음 상태는 바짝 마른 스펀지다. 그 때문에 그 무엇이든 다 빨아들이고도 남을 흡습성을 가졌다. 그게 아이의 가소성이다. 그것은 반드시 놀이라는 매개체로 충만한다.

놀이가 건강한 성인으로 자라게 한다. 성체는 놀이의 과정을 거친다. 사자와 호랑이, 표범과 같은 맹수의 새끼는 하나같이 장난기가 심하다. 광활한 초원에서 자기네들끼리 엎어지고 메치면서 논다. 그러다가 그것도 심심해지면 부모의 꼬리를 물고 늘어지거나 등에 올라타며 신경을 건드린다. 놀아달라는 응석이다.

그럴 때 어미 맹수는 선뜻 놀아주지 않는다. 그 대신에 살아 움직이는 장난감을 가져다준다. 아직 다 자라지 않은 사냥감을 잡아다가 새끼들 앞에 놓아둔다. 그러면 새끼들은 어미가 물어다 준 산 장난감과 노느라 시간이 가는 줄 모른다. 그렇지만 번번이 산 사냥감을 놓친다. 그때 가만히 지켜보던 어미는 재빨리 달려가 사냥감을 다시 잡아다가 새끼들 앞에 놓아준다. 놀이를 통해서 사냥 훈련을 익힌다. 이는 하늘을 지배하는 맹금류도 마찬가지다.

어렸을 때 장난기가 심했던 맹수는 다 자라면 더는 놀이를 하지 않는다. 약육강식의 사회에서는 먹고사는 일이 전부다. 그에 비해 인간은 다르다. 동물이 그저 배를 채우는 데 만족하지만, 인간은 보이지 않은 가치를 끊임없이 사냥해야 한다. 그 가치는 바로 인간만이 갖는 독특한 취미와 문화다. 취미와 문화는 놀이라는 데서 생겨났다. 그 모든 놀이에 포함해 일하고, 놀고, 노는 듯이 일하는 문화를 만들어냈다.

인간 세상에서 놀이는 어떤가. 우선 재밌어야 하고 새로워야 한다. 그래야 눈길을 끈다. 또한, 놀이에는 사회성도 함유되어야 한다. 그래야 올바른 놀이가 된다. 어렸을 때부터 성숙한 놀이 문화 환경에서 자란 아이는 표정이 밝다. 그런 아이일수록 매사 긍정적이고 성취동기가 높다.

이 때문에 요즘 기업에서 신입사원을 선발할 때도 잘 노는 사람, 친화력이 높은 사람을 선호한다. 그만큼 잘 노는 사람은 상대방의 마음을 읽는 태도를 보인다. 왜냐? 잘 노는 사람은 일하든 경영을 하든 사람의 마음을 잘 아는 까닭에 사람을 이끄는 능력이 뛰어나기 때문이다.

더더구나 조직을 이끄는 지도자라면 자기 일만 바득바득 챙길 게 아니라 노는 능력을 갖춰야 한다. 부하 직원에게 깐깐하게 일 머리를 따져 드는 상관보다는 조금의 여유를 갖고 노는 시간을 배려하는 게 또한 지도자로서 필요한 능력이다. 그는 놀 줄 아는 사람이기 때문이다. 그런 사람이라면 상대방을 배려할 줄 안다. 그뿐만 아니라 혼자 놀기보다 같이 놀아야 더 재밌고 결속력이 더 강해진다. 기분 전환이 잘 되면 참신하고 다부진 생각이 분출된다.

근데 요즘 아이들은 그다지 잘 놀 줄 모른다. 아니, 재밌게 놀 여유가 없다. 학교 수업을 마치면 운동장 맨흙을 밟아보기는커녕 학원 과외로 내몰린다. 놀이가 공부하는데 아무런 도움이 안 된다는 부모, 놀이를 잊어버린 부모의 편협한 생각이 아이의 창의적인 성장을 짓눌러버린 결과다. 아이들은 잘 놀아야 잘 큰다. 좀 더 세상을 여유롭게 살려면 놀 줄 아는 사람이 먼저다.

책 읽으라는 다그침

 우리나라 평균 독서량은 얼마나 될까? 성인 평균 독서량은 한 달에 채 한 권이 안 되고, 연간 도서 구매비도 만 원이 안 된다. 굳이 통계 자료를 들먹이지 않더라도 책을 읽지 않는 어른이 많다. 더욱이 책을 읽지 않는 부모일수록 자기 자녀에게 책을 읽도록 강요한다. 자신은 책을 읽지 않으면서 어떻게 아이에게 책을 읽으라고 이야기할까. 요즘같이 책보다 더 재밌는 게 많은 세상에 아이를 설득하는 게 쉽지 않다.
 아이도 책을 읽으려면 책과 만날 기회를 만들어야 한다. 아이가 좋아하는 책은 단순하게 흥미를 주는 책이다. 아이가 부담 없이 책을 읽게 하려면 흥미 위주의 책을 골라 주어야 한다. 무거운 내용의 책은 아이의 마음만 답답하다. 또, 좋은 책만 읽히겠다는 욕심을 가질수록 그만큼 책과 멀어진다. 책꽂이에서 잠을 자는 책은 좋은 책이 아니다. 아이의 마음을 살려내는 책은 언제나 아이 손에 닿아야 한다.

그런데 애써 책을 읽히려고 해도 아이는 딴전이다. 텔레비전을 보려고 하고, 컴퓨터 앞에 앉으려 고집한다. 어른도 머리 아파가며 책을 읽기보다 그저 편안하게 하고픈 일 하는 게 더 즐겁다. 아이의 마음도 똑같다. 애써 뜯어말리려고 목청을 높일 까닭이 없다. 지나치면 아니함만 못하다.

무엇보다 아이가 책을 읽게 하려면 느긋하게 기다려주어야 한다. 어른도 책 한 권 읽으려면 갖가지 일과 맞서 이겨내야 하듯 아이도 물리쳐야 할 일이 많다. 부모의 바람대로 선뜻 따라 하지 않는다고 해서 얼굴을 붉힐 일이 아니다. 먼저, 아이가 읽어야 할 책 목록을 뽑아보도록 하는 게 좋다. 그러면 아이가 어떤 책을 읽고 싶어 하는가를 파악하게 되고, 관심 영역을 캐보는 힘이 길러진다.

아이에게 좋은 책이란 세상에 편견이 없는 책이다. 진보적인 가치관을 지닌 책이며, 어린이의 처지를 이해하는 책이다. 엉뚱하고 기발한 생각을 일깨워주는 책이어야 하며, 글과 그림이 아름답게 쓰고 그려진 책이다. 내용이 새로워야 하고, 성실하게 공들여 만들어진 책이어야 한다.

무엇보다도 재밌고, 설득력과 감화를 주는 내용, 일관된 주제가 담긴 책이 좋다. 새로운 시도나 신선하고 의욕적인 이야기를 다룬 작품이면 그것으로 충분하다. 좋은 책은 책꽂이에서 바쁘다. 그보다 중요한 일은 아이에게 책 읽히려는 데 욕심을 갖지 않아야 한다. 또한, 책을 읽고 반드시 독후감을 써야 한다는 일련의 강요는 필요치 않다. 자유롭게 책만 읽도록 배려하면 그것으로 충분하다. 편안한 분위기에서 스스로 읽고 싶은 책을 마음껏 읽도록 하는 게 바람직한 책 읽기다.

단 한 권의 책을 끝까지 읽는 끈기를 가져야 한다. 개미는 작아도 탑을 쌓는다. 날마다 바른 마음 되게 깨우쳐 가는 삶이야말로 진리에서 즐거움을 발견하는 일이요, 참으로 좋은 인생을 꾸려 가는 길이다. 하나의 옥돌이 다듬어져 훌륭한 그릇이 되기까지는 수많은 노력이 필요하다. 그래서 배우고 깨우치기 위해서 자신의 몸과 마음을 던지기보다 더한 아름다움이 없다.

책은 부담 없이 읽을 때 행복하다.

우리의 중산층 기준, 낯부끄럽다

영국 옥스퍼드대학에서 제시한 중산층의 기준은, 매사 페어플레이하고, 자신의 주장과 신념을 가지며, 나만의 독선을 지니지 않고, 약자를 두둔하고 강자에게 불같이 대응하며, 불의, 불평, 불법에 의연히 대처를 준거로 삼는다. 특히, 그들에게는 '약자 두둔하고 강자에 대응'하는 정의를 가진 계층이 중산층 대접을 받는다.

프랑스도 마찬가지다. 프랑스 퐁피두 대통령이 'Qua lite de vie(삶의 질)'에서 정한 중산층의 기준으로, 외국어를 하나 정도 구사하여 폭넓은 세계 경험을 갖추고, 한 가지 분야 이상의 스포츠나 악기를 다루며, 남과 다른 맛을 내는 별미 하나 정도는 만들어 손님 접대하고, 사회봉사 단체활동하는 사람을 우선한다.

또, 남의 아이를 내 아이처럼 꾸짖는 당당함으로 물질적으로 저열한 인간이 아니라, '공분에 의연히 대처'하는 자신감을 중산층의 처신으로 삼았다.

미국 공립학교에서 가르치는 중산층의 기준을 보면, '부정과 불법에 저항'하는 자가 중산층이다. 즉, 자신의 주장에 떳떳하고, 사회적인 약자를 도와야 하며, 부정과 불법에 저항하고, 그 외 테이블 위에 정기적으로 받아보는 비평지가 거실에 놓여야 한다.

이들에 비하여 우리 사회 중산층은 어떤가? 직장인 대상으로 설문한 결과, 부채 없는 30평대 아파트, 월급 500만 원 이상, 자동차 2,000cc급 중형차, 통장 잔액이 1억 이상, 해외여행 1년에 몇 회 이상 나가는 게 우리나라의 중산층 가늠 기준이다.

준열한 도덕성을 가진 중산층이 두꺼워야 안정된 사회다. 그런데 과연 우리에게 '중산층'의 정확한 정의는 무엇일까? 어딜 보아 우리의 중산층 기준은 낯부끄럽다. 그것도 지식인이 생각하는 중산층의 기준이 이 정도다. 다분히 물질적이며 세속적이다. 물론 이렇게 답을 했다고 해서 속물은 아니다. 문제는 중산층의 기준을 왜 이렇게 밖에 둘 수 없으며, 왜 그렇게 생각하게 했는지 안타까운 노릇이다.

우리나라와 비교했을 때, 영국과 프랑스, 미국의 중산층 기준은 확연한 차이가 난다. 우리는 중산층의 기준을 물질에 우선하는 반면, 그들은 '삶의 질', 즉 정신적인 가치를 더 중요하게 생각한다. 이는 다분히 추상적이고, 이상적이나, 그들이 생각하는 중산층은 '나 혼자만' 잘 사는 게 아닌 '더불어 잘 살자.'라는 인식이 사회 저변에 내포되었다. 거기에 자신의 능력을 계발하거나, 사회적 불의에 대응하는 신념과 지식까지도 요구한다. 아무리 돈이 많고 권력을 가졌더라도 사회적 약자를 배려하고 불의에 맞서는 인성이나 신념이 모자랐다면 중산층이라 할 수 없다.

물론, 나라마다 민족마다 생각하는 중산층의 개념이 다르다. 입에 풀칠하기도 어려운 상황에서 외국어를 하나 정도 구사하고, 불의와 불평등에 맞설 만한 용기와 신념을 가졌다고 해서 그 사람을 '중산층'이라고 말하기 어렵다. 중산층의 기준이 단지 형식적이라 할지라도 왜 우리는 물질적인 계량이 준거가 될 수밖에 없는가?

우리의 중산층 기준은 지금의 현실이 얼마나 막막하고 살벌한가를 다시금 생각하게 한다. 무엇이, 어디서부터 잘못되었는지, 누가 굳이 말하지 않아도 우리는 빤히 안다. 이 또한 우리의 사회문제요, 교육의 문제다. 가정에서부터 학교와 사회에 이르기까지 성공만을 가르쳐왔던 그릇된 신화를 부인하기 어렵다.

이제라도 늦지 않다. 더불어 사는 세상에서 사람의 도리가 무엇인지를 공유해야 한다. 삶의 질은 물질의 많고 적음이 아니라, 사람의 됨됨이라는 사실을, 혼자 잘 살기보다 함께 산다는 사실을 깨우쳐주어야 한다. 더불어 살 때 상대를 사랑하고, 배려하며, 아끼는 마음이 생겨난다.

일전에 평생을 아파트 평수 넓히는 데에 전력을 다한 50대 아주머니가 이제야 살만해졌는데, 말기 암으로 고생하며 죽음이 목전에 왔다고 억울해하는 이야기를 들었다. 과연 무엇이 인생의 가치를 가늠하는가? 사는 게 비감해진다. 인생이 사는 집 평수와 화장실 개수나, 외제 차를 소유하는 데 주력하다가 죽음을 맞이하는 인생이 얼마나 삶의 가치를 동떨어지게 만드는가!

지금 우리 사회에서 '나는 중산층이다.'라고 자부하는 사람이 얼마나 될까?

격려의 말 한마디

 아이는 말을 먹고 자란다. 그래서 어떤 말을 듣고 자랐는지에 따라 삶의 무늬가 달라진다.
 미국 어느 교도소의 재소자 90%가 성장하는 동안 부모로부터 '너 같은 녀석은 결국 교도소에 갈 거야.'라는 소리를 들었다고 한다.
 괴테는 이렇게 말했다.
 "인간은 보이는 대로 대접하면 결국 그보다 못한 사람이 된다. 그렇지만, 잠재력대로 대접하면 그보다 큰사람이 된다."
 우리는 늘 희망적인 말을 습관화해야 한다. 특히 격려의 말이 보약이 된다는 사실을 명심해야 한다.
 미국 존스 홉킨스병원 소아신경외과 과장인 벤 카슨. 그는 세계 최초로 샴쌍둥이 분리 수술에 성공한 의사다. 우리나라에도 소개된 『크게 생각하라』 책의 저자다. 그는 흑인 빈민가 출신의 열등생에서 세계 최고의 소아청소년과 의사로 성공했다. 그래서 오늘을 살아가는 젊은이에게 꿈과 희망을 준다.

하루는 그에게 기자가 물었다.

"오늘의 당신을 만들어 준 게 무엇입니까?"

"네, 바로 제 어머니 쇼냐 카슨 덕분입니다. 어머니는 제가 늘 꼴찌를 하면서 흑인이라고 따돌림을 당할 때, '벤, 넌 마음만 먹으면 무엇이든 다 해내! 노력만 하면 뭐든 가능해!'라는 말을 끊임없이 들려주면서 내게 격려와 용기를 주었습니다."

이처럼 큰 인물들 뒤에는 그들을 키운 격려의 말이 충분했다. 우리는 격려의 말을 먹고 자랐다.

나는 과연 누구에게 격려의 말을 했을까? 생각해 볼 일이다.

자식의 소질을 잘 아는 사람, 부모

   자녀를 둔 부모라면 생각은 하나다. 자식이 인문계 고등학교를 거쳐 대학을 나오고, 안정된 직장을 갖기를 원한다. 또 자녀가 공부 잘하면 적성에 상관없이 판검사나 의사가 되기를 원한다. 자녀가 소질이나 특성에 맞는 분야에서 성공하도록 이끌기보다는 부모의 희망이 우선이다. 장래 직업 선택에 자녀는 부모의 영원한 소유물이다.

   그 때문에 청소년이 자기가 가장 잘하는 일을 스스로 찾는 게 거의 불가능하다. 청소년은 좋아하는 일과 잘하는 일이 다른 경우가 많다. 게임에 매달린다 해서 컴퓨터 전문가를 원하는 게 아니다. 어지간한 노래와 춤 실력으로는 아이돌 그룹 근처에도 못 가는 세상이다. 연예인 지망생이 하도 많다 보니 관련 기획사 주변을 맴도는 청소년이 서울에만 1만여 명이나 되고, 이로 인해 성형외과만 톡톡히 재미를 보는 형국이다.

 평범한 청소년도 어느 한 분야에서는 뛰어난 잠재력을 발휘한다. 박찬호, 박세리, 박지성은 남이 공부에 천착한 만큼 운동에 매진했던 젊은이였다. 김연아, 손연재 선수도 마찬가지다. 이창호·이세돌이 공부를 잘해서 바둑 세계 최고수가 되었는가. 정명훈은 학업성적이 우수해서 세계 지휘자가 되었는가. 그들 또한 자기가 잘하는 분야에서 분투해서 노력한 결과, 선망의 위치에 올랐다.
 가수 싸이는 '강남스타일'로 유튜브 조회 수가 수억만 건을 기록하고, 빌보드 차트에 2위에 오르는 등 국내는 물론, 해외에서 명성을 얻었다. 또 미국 대표 지상파방송 NBC의 간판프로에 출연한 싸이는 "부모 몰래 미국 명문대를 중퇴하고 음악대로 옮긴 게 오늘의 자신이 탄생하게 했다"라고 말했다. 싸이는 스스로 자신이 잘하는 길을 찾은 경우다.

 하지만 이들이 장차 우리 아이의 직업을 좌우하는 본보기가 되어서는 안 된다. 그들은 이미 아이들 세대와는 다른 직업군이다. 해서 무엇보다 부모가 자식이 잘하는 일을 찾아주고, 그 길을 가도록 부추겨야 한다.

아이는 제 하고픈 일을 할 때 가장 행복하다. 장차 직업도 아이가 원하는 게 먼저다. 해서 자녀 양육에서 부모의 욕심을 내려놓아야 한다. 부모만큼 자식의 소질을 잘 아는 사람은 없다 해도.

어느 특별한 인연

영국 런던에 살던 한 소년이 가족과 함께 시골로 여행을 떠났다.

어느 조용한 마을에 도착한 순간, 소년은 도시에서 보지 못했던 아름다운 호수를 발견했고, 너무나 기쁜 마음에 호숫가로 정신없이 달려갔다. 그러다 뜻하지 않게 미끄러지며 물에 빠지고 말았다.

헤엄도 칠 줄 몰랐던 이 소년은 물속에서 계속 허우적거렸고, 누가 도와주지 않으면 영락없이 죽을 수밖에 없는 절박한 순간이었다.

이때 마침 호숫가를 지나던 한 시골 소년이 용감하게 호수로 뛰어들어 소년을 구해주었다.

잠시 후 물에 빠졌던 그 소년은 정신이 돌아왔고, 자신을 구해

준 시골 소년에게 말했다.

"정말 고마워…."

"뭘, 난 해야 할 일을 했을 뿐이야."

물에 빠졌던 도시 소년은 자신을 구해준 시골 소년에게 무언가 고마움의 표시를 하고 싶었다. 그래서 아버지에게 달려가 자신을 구해준 시골 소년에 대해 말했다.

소년의 아버지는 아들의 생명의 은인에게 보답하기 위해 그 소년을 불렀다.

"애야, 너의 꿈은 무엇이니?"

"의사가 되는 거예요."

하지만, 시골 소년은 집이 가난해 대학에 갈 수 없는 형편이었다.

그 사실을 알게 된 도시 소년은 자신의 생명의 은인인 시골 소년이 대학에 가게 도와 달라고 아버지에게 졸랐다.

그리하여 시골 소년은 도시 소년의 도움으로 런던의 의과대학에 입학하기에 이르렀다. 결국, 소년은 꿈에 그리던 의사가 되었다.

친구의 도움으로 의사가 된 그 시골 소년이 바로 알렉산더 플레밍이고, 시골 소년에 의해 구출된 도시 소년은 후에 영국 총리가 된 윈스턴 처칠이다.

그 후, 1940년 5월, 영국이 독일군의 침공 앞에 놓였을 때 수상이 된 처칠은 중동지방을 순시하러 갔다가 뜻하지 않게 폐렴에 걸렸다. 하지만, 그 당시는 폐렴에 대해 그 어떤 치료 약도 개발되지 않은 절망적인 상황이었다. 이때 고열에 시달리며 심한 고통 속에서 죽는 줄만 알았던 처칠을 살려낸 사람이 바로 플레밍이었다.

처칠의 도움으로 의사가 된 플레밍은 기적의 약 페니실린을 발견해냈고, 그 페니실린으로 처칠은 목숨을 구했다. 이 두 사람의 길고도 아름다운 인연은 서로서로 위해 주면서 결국은 둘 다 서로의 은혜를 받는다는 사실에서 더욱 감동하게 한다.

익사 직전의 처칠을 구해 준 플레밍은 처칠에게 의과대학에 가는 도움을 받았고, 플레밍을 도와준 처칠은 결국 폐렴으로부터 자신의 생명을 구하는 도움을 받았으니 말이다.

남을 진심으로 돕는 건 결국 자기 자신을 돕는다.

땅콩과 깔때기

어느 젊은 화가. 어렸을 적부터 미술 감각이 남달랐던 그는, 젊은 나이에도 몇 번의 개인전을 가졌고, 상도 많이 받았다.
오랜만에 만난 모임에서 한 친구가 그에게 물었다.
"젊은 나이에 성공하기가 쉽지 않은데, 자네의 성공 비결은 대체 뭔가?"
그러자 그가 웃으며 대답했다.
"어릴 때부터 한 가지에만 몰두한 노력의 결과일세. 지난 십여 년 동안 오로지 그림만 생각하며 살아왔거든."
그러면서 그는 친구들에게 자신의 어릴 적 경험을 이야기해 주었다.
어린 시절 그의 관심사는 한둘이 아니었다. 호기심이 왕성한 탓에 수영과 피아노, 그림, 농구 등 안 해 본 게 없을 정도였다.

그는 수영도 잘하고, 피아노도 잘 치며, 그림도 잘 그리는 만능 재주꾼이 되고 싶었다. 그렇지만, 모든 방면에서 뛰어나기란 불가능한 일이었다.

그는 자신에게 실망했고, 이런저런 고민으로 방황하다 학교 성적까지 바닥으로 떨어지고 말았다.

하루는 아버지가 그를 불렀다.

그는 아버지가 자신을 혼낼 그거로 생각했다. 하지만, 뜻밖에도 아버지는 화를 내지 않았다.

대신에 아버지는 깔때기 하나와 땅콩 한 움큼을 가져와서는 탁자 위에 올려놓고 이렇게 말씀하셨다.

"오늘 너한테 보여주고 싶은 게 있단다."

아버지는 아들의 두 손에 깔때기를 잡아주었다.

그러고는 그 안으로 땅콩을 하나씩 집어넣었다.

깔때기 구멍 안으로 들어간 땅콩은 금세 그의 손바닥에 떨어졌다.

아버지는 몇 번이고 같은 동작을 반복했고, 손바닥에는 어느새 땅콩이 쌓여 갔다.

그런데 잠시 후, 아버지가 땅콩 한 움큼을 한꺼번에 깔때기 안으로 넣었다. 그러자 굵기가 서로 다른 땅콩이 섞여 깔때기 밑으로 한 개도 떨어지지 않았다.

그때 아버지가 의미심장한 눈빛으로 말했다.

"이걸 보아라. 이 깔때기는 바로 너 자신이란다. 무슨 일이든 한 가지씩 차례대로 해나가는 사람은 그만큼의 결실을 얻어. 하지만 한 번에 다 하려고 욕심을 부리다가는 아무 결과도 얻지 못한단다."

이십 년이 흘렀지만, 그는 여전히 아버지의 말씀을 가슴속에 새겼다.

"무슨 일이든지 한 가지에 몰두할 때 그 분야에서 최고의 자리에 오른단다. 명심하렴."

하버드 대학에서 실시하는 인문교육의 핵심은 바로 개인의 개성과 특성에 맞는 맞춤식 교육이다.

사람은 누구나 다듬어지지 않은 보석으로 태어났다.

당신이 어떤 모양의 보석이 되고, 어떠한 빛깔을 갖게 될지는 오로지 당신의 선택에 달렸다. 선택이 곧 운명을 좌우한다.

한 사람이 동시에 두 마리 말을 탈 수는 없다.

이 말을 타려면 저 말을 포기해야 한다.

나는 어떤 부모일까?

세상은 밤하늘 뭇별처럼 많은 부모와 아이가 함께 산다. 그만큼 세상은 씨줄과 날줄로 엮인 한 폭의 명화다. 부모가 붓을 쥔 화가라면 아이는 다채로운 물감 그 자체다. 화폭은 그에 빚어지는 인생사다. 그 속에 우아한 음률이 더해진다면 가족애를 위한 최고의 앙상블이 어우러진다. 그런데 그 지휘를 맡은 사람이 바로 부모다.

나는 어떤 유형의 부모일까?

첫째, 자애롭기만 한 부모다. 이들 부모는 자녀의 요구를 무엇이든 다 들어주며. 자녀를 단호하게 압도하기보다는 양보하며, 벌주는 자체를 잘못이라 생각한다. 말은 엄격하게 하나, 행동으로 보여주지 못하며, 때로는 극단적으로 벌을 주거나 분노를 폭발하여 스스로 죄책감을 느낀다.

이 같은 부모한테서 자녀는 책임을 회피하며, 쉽게 좌절하고, 그 좌절을 극복하지 못한다. 또 버릇없고, 의존적이며, 자기중심적 사고를 보인다. 그런데도 자신감은 부족하나, 인정이 많고 따뜻하다.

이 경우 부모는, 침착한 양육 태도를 보여야 한다. 자녀에게 적절한 벌을 가해야 하며, 자기 뜻을 분명히 밝히고, 말과 행동이 일치해야 한다. 부모가 주는 벌에 대한 항의에 단호하게 대처하여야 하고, 부모의 권위를 단호하게 가져야 한다.

다음으로 엄격하기만 한 부모다. 부모는 칭찬을 많이 하지 않으며, 권위에 의문을 제기하는 자체를 허락하지 못한다. 고약한 부모 유형이다. 그 때문에 자녀가 잘못하면 곧바로 지적하고, 잘못한 일에는 반드시 처벌이 따라야 한다고 생각한다.

이런 부모 밑에서 자녀는 걱정이 많고, 항상 긴장하고, 불안해한다. 때론 우울하고, 자살을 생각하며, 죄책감을 많이 느낀다. 더구나 지나치게 복종적이며, 순종적이다. 이런 환경에서도 자녀는 부정적인 자아개념으로 자기 비하를 하나, 책임감이 강하고, 예절이 바르다.

이러한 부모는 사회에서 이중적 성격이 많으며, 고위직 군인, 경찰, 교직 부모가 많다. 올바른 훈육 태도는 아이 전체를 비난하지 말고, 잘못된 행동이나 지적받을 만한 행동만 언급하고, 자녀에게 자주 사랑을 표현하고 칭찬을 많이 하여야 한다.

세 번째로 가장 심각한 부모로, 엄격하지 않고 자애롭지도 못한 부모다. 무관심하고 무기력한 부모로, 칭찬이나 벌을 주지 않고, 비난을 주로 하며, 자녀를 믿지 못한다. 이런 부모의 양육을 받은 자녀는, 반사회적 성격을 가지며, 무질서하고, 적대감이 크다. 또 혼란스러워하고, 좌절감을 많이 느낀다. 세상일이나 타인에 대한 불신감이 짙어진다. 결국, 폭행, 절도, 범죄행위로 이어진다.

이 경우 부모는 자녀의 바람직한 행동에 칭찬하고, 그렇지 않은 행동에 꾸중하고, 단호하게 벌을 주어야 한다. 아이들 자체를 수용하고, 아이들의 욕구와 상태에 주의를 기울여야 한다. 부모의 관심이 가장 중요하다.

마지막으로 엄격하면서 자애로운 부모다. 이런 유형의 부모는, 자녀가 일으키는 문제를 정상적인 삶의 한 부분으로 인정하고, 자녀에게 적적한 좌절을 경험하게 한다. 그래서 자기 훈련의 기회를 제공하고, 자녀의 장단점을 함께 인정한다. 잘못을 벌할 때도 자녀가 가진 잠재력을 인정하고, 자녀의 장점을 발견하고 키워 준다. 그러므로 자녀는 자신감을 느끼고, 성취동기가 높으며, 사리 분별력을 가지고, 원만한 인간관계를 유지한다.

세상에 부모는 많다. 그러나 정녕 좋은 부모 되기는 쉽지 않다. 네 가지 부모를 따져보았지만, 어느 부모 유형이 옳고 그름이 아니다. 자녀의 행동과 부모의 지금 행동을 반성하여 적절한 방법을 찾아 행복한 가정이 되도록 관심과 사랑이 먼저다. 그게 바람직한 자녀 양육 태도가 되어야 한다.

나는 어떤 부모 유형일까? 한 번쯤 곰곰 생각해 볼 일이다.

아버지의 목발

 어느 날 부부와 딸이 함께 여행하다가 교통사고를 당했다. 자동차가 언덕 아래로 굴러떨어지는 큰 사고였다. 어머니는 가벼운 상처를 입었으나, 아버지와 딸은 모두 크게 다쳐 병원에 입원해야만 했다.
 특히, 딸의 상처가 깊어서 오랫동안 병원에서 수술을 받고 치료를 했다. 그러나 평생 목발을 짚고 다녀야 할 신세가 되었다. 딸보다 먼저 퇴원한 아버지의 신세도 딸과 다름이 없다고 알려졌다.
 사고 당시 사춘기였던 딸은 무엇보다 마음의 상처가 깊었다. 학교가 파하면 다른 친구들이 조잘거리며 신나게 몰려다닐 때도 딸은 늘 혼자 목발을 짚고 외로이 집으로 와야 했다. 집으로 돌아오면 같은 목발 신세인 아버지가 말동무처럼 딸에게 다가와 다정하게 대해주며 함께 이야기를 나누어주어 큰 위안이었다.
　딸은 울기도 많이 울었다.
　투정을 부리는 딸의 처지를 누구보다 잘 아는 아버지가 나서서 말없이 그 투정을 받아 주었다. 딸에게는 아버지와 공원 벤치에 나란히 목발을 기대어 놓고 앉아 이런저런 이야기를 나누는 게 유일한 행복이었다.
　어려운 사춘기를 잘 넘기고 딸은 대학에 진학했다.
　입학식 날 아버지가 참석하여 딸을 껴안아 주며 말했다.
　"네가 내 딸이라는 게 자랑스럽구나. 너는 나의 보람이란다."
　딸은 정말 행복을 느꼈다.
　그 해 어느 날이었다. 세 식구가 나란히 길을 갔다. 물론 아버지와 딸은 목발을 짚고 가야 했다.
　길을 걷는 그들 앞에서는 작은 꼬마 하나가 공놀이를 했다. 그런데 공이 큰길로 굴러갔다. 꼬마는 앞뒤를 살피지도 않고 공을 주우러 큰길로 뛰어들었다. 길모퉁이에서 큰 트럭이 전속력으로 달려 나왔다.
　바로 이때 놀라운 일이 벌어졌다.
　아버지가 목발을 내던지고는 길로 뛰어들어 꼬마를 안고 뒹굴어 위험한 순간을 넘겼다. 그러고는 꼬마를 안고 안도의 한숨을

쉬며 길을 건넜다. 아버지의 순간적인 행동은 너무나 날쌔고 자연스러웠다. 목발 짚은 사람으로서는 도저히 해낼 수 없는 동작이었다. 딸은 자기 눈을 도저히 믿을 수 없었다.

잠시 후 어머니가 다가와서 딸을 꼭 껴안고 이렇게 속삭였다.
"애야, 이제 말할 때가 되었구나. 사실 너의 아버지는 다리가 다 나았단다. 퇴원 후에 곧 정상이 되었거든. 그러나 네가 목발을 짚어야 한다는 사실을 알고는 아버지도 목발을 짚고 다니기로 작정하셨던 거야. 내가 말렸지만, 너랑 아픔을 같이해야 한다고 고집하셨던 거야. 그러니까 그게 벌써 5년이 되었구나. 이 사실을 아버지 회사원도, 우리 친척도 아무도 모르지. 나와 아버지밖에 모르는 비밀이었지."

길 건너에서 손을 흔드는 아버지를 보며 딸은 주체할 수 없이 흐르는 눈물을 가눌 수 없었다.

2부

우리 삶의 마지막에는 무엇이 남을까?

우리 삶의 마지막에는 무엇이 남을까?

3천여 명이 사는 작은 마을, 어느 날 할머니 한 분이 세상을 떠났다. 그런데 할머니의 장례식에 1,500명이 넘는 조문객이 모여들었다.

할머니는 살아생전 저명한 명사이거나, 지역 정치인이거나, 유명한 연예인도 아니었다.

젊은 시절, 초등학교 평범한 교사였다.

평생 할머니는 생활에 필요한 모두를 제자의 상점에서 구매하며 살았다.

근처에 크고, 편하고, 값싼 대형 점포가 많았다. 그렇지만 조금 멀고, 비싸도, 제자가 운영하는 옷 가게, 잡화점, 식료품점을 일부러 들러 물건을 샀다. 성장한 제자를 칭찬하고, 격려했다.

그만큼 유명 브랜드의 물건보다는 제자의 손길이 닿은 소박한 물건을 더 아꼈다.

  이미 졸업한 제자에게 끊이지 않는 관심과 사랑을 베푼 할머니를 수많은 사람이 존경하는 건 어쩌면 당연한 일이었다.

  우리 삶의 마지막에는 무엇이 남을까?

  우리가 살면서 세상에 남긴 모든 건 다시 한자리에 모인다.

  한평생 세상에 남긴 할머니의 사랑이 다시 돌아와 장례식장을 따뜻하게 감쌌다.

  사는 동안 결코 헛되이 살지 않았다는 징표처럼.

가장 확실한 자본은 정직이다

한 젊은이가 시장 모퉁이에서 가방을 주웠다. 그 안에는 누구라도 욕심낼 만큼 많은 돈이 들었다. 주변을 살피던 젊은이는 무슨 생각을 했는지 가방을 바닥에 던져 놓고 그 위에 털썩 주저앉아 한가로이 햇볕을 쬐기 시작했다.

얼마나 시간이 지났을까, 따스한 햇볕에 졸기 시작한 젊은이 앞에, 눈에 불을 켜고 땅 위를 살피는 사람이 나타났다.

젊은이는 그 사람에게 물었다.

"혹시 잃어버린 물건을 찾는 거예요?"

"내가 가방을 잃어버렸는데 아무래도 여기에 같구려."

그러자 젊은이는 깔고 앉았던 가방을 남자에게 툭 던지며 말했다.

"당신이 찾고자 하는 가방이 이거 아닙니까?"

가방을 보고 깜짝 놀란 남자는 정말 고마운 마음에 젊은이에게 사례하고자 했다.

하지만 청년은 딱 잘라 말했다.

"돈을 갖고 싶었다면 벌써 그 가방을 들고 가버렸을 겁니다. 돈은 필요한 사람이 요긴하게 잘 써야지요."

이 젊은이가 바로 우리나라 독립선언서 주창자 33인 민족대표 중 한 분인 손병희 선생이었다.

정직은 집을 세우는 일과 같다. 집을 지을 때 약삭빠르게 요령껏 쌓아 올리는 게 현명하다고 여기는 사람은 없다.

튼튼한 집을 짓기 위해서는 무엇보다 정직한 마음가짐이 필요하다. 그렇게 쌓아 올린 집만이 오랜 가치를 지닌다.

정직은 가장 확실한 자본이다.

남을 탓하지 마라

　여느 날처럼 드나드는 단골 국밥집 벽에 낙서, 오늘은 유난히 선명하다. 왜 그럴까? 하찮은 일에 기를 쓰고 드잡이했던 낭패 때문이다. 같잖은 데 마음을 쏟는 게 아닌데도 결국, 얼굴 발갛게 붉혀가며 성토했다. 한데, 간하지 않은 국물처럼 개운치 않다.

탓하지 마라! 세상 살면서 탓하지 마라!
그러면 삶이 편안하리라.
세상을 탓한들 세상이 그 탓을 해결해 줄 리 없다.
자네, 탓을 해 본들
자네, 또한 그 탓을 들어줄 리 없지.
모두, 네 탓 세상 탓해봐도

그 탓에 이유야 많겠지만,
그 탓은 나를 떠나지 않는다.
그것 모두 내 생각 탓이니
모든 건 순간에 지나간다.

이 얼마나 명쾌한 삶의 답인가? 실컷 얼굴 붉혀가며 따져봤자 소용없다. 칼로 물 베기가 어디 부부싸움뿐이랴. 무시로 만나는 모든 이와의 관계에서도 통하는 순리다. 어쭙잖은 말꼬리 뜯어 물어보겠다고 발발거려본들 무엇하랴. 세상일 모두 네 덕이요, 내 탓인걸.

다들 퇴근하고 난 교무실, 혼자 지키며 유튜브 음악 틀어놓고 가쁜 마음을 순화시킨다. 어쭙잖은 일에 하릴없이 시간 낭비했다 싶다. '메기의 추억' 음률이 잔잔하게 흐른다. 창밖은 이미 까맣다. 때론 혼자된다는 이 시간이 참 좋다. 소소함 하나로도 충분히.

그래, 남 탓하지 말고, 산책하듯 살라고 했다.

소소한 배려

한 젊은 청년이 초조하게 연인을 만나러 가는 길이었다.

그는, 숱한 노력 끝에 결혼 준비를 마치고, 반지를 준비해서 그녀의 집으로 향했다.

너무나 흥분된 청년의 발걸음은 점점 빨라지다가 마침내 힘껏 뛰기 시작했다.

사랑하는 연인에게 조금이라도 더 빨리 청혼하고 싶은 마음에 앞도 잘 살피지 않고 정신없이 달렸다.

하지만 청년이 도착한 연인의 집은 굳게 잠겼다.

연인은 얼굴도 내비치지 않고 다른 사람을 통해 청년과 만나고 싶지 않다는 차가운 말을 전했다.

며칠 후, 청년에게 한 통의 편지가 전해졌다.

"나는 그날 당신을 기다리며 창문 밖을 내다보았어요. 마침내 당신이 우리 집을 향해 달려왔을 때 저는 정말로 기뻤어요. 그런데 당신이 얼마나 급했던지 마주 오던 누추한 옷차림의 한 여성과 부딪혀 넘어지게 하고는 미안하다는 말도 없이 그대로 오는 당신을 지켜보았어요.

그 모습에 많은 생각을 하게 되었지요. 약한 사람을 배려할 줄 모르는 사람과 어떻게 결혼하겠어요?"

이렇게 사랑을 잃은 청년은 영국의 유명 수필가인 찰스 램이었다.

이후 찰스 램은 누구에게나, 모든 일에 친절하겠다고 노력했고, 자신의 잘못으로 사랑을 잃었지만, 인생의 소중한 걸 배웠다고 고백했다.

가장 이타적인 사람은 가장 이기적인 사람이다. 왜냐하면, 내가 베푼 배려는 언젠가 다시 돌아오기 때문이다.

배려는 내가 손해 보면서 남을 위하는 일이 아니다. 다른 사람을 아끼고 사랑하는 게 궁극적으로 나 자신을 아끼고 사랑하는 일이다.

때로 냉정함이 필요하다

바쁜 세상이다. 그만큼 부대낌도 많다. 학교까지 출퇴근하는 길은 채 40분 거리다. 읍내를 가로질러 언덕배기 하나 넘으면 들판이 펼쳐지고, 산허리를 끼고 돌아 저수지를 뒤로하면 야트막한 고개를 넘는다. 워낙 꼬불꼬불한 길이라 차량마다 거북이 걸음이다. 출근 시간 상대편 차들이 줄을 잇기에 앞지르기는 어림없다. 그래서 세월아, 네월아 쉬엄쉬엄 운전한다. 때론 오금이 저리기도 한다. 초보운전자를 만나는 날은 길게 열대 가량은 줄줄이 사탕이 된다. 덕분에 차창 밖으로 펼쳐지는 조망에 계절 변화를 맘껏 실감한다.

그제는 비좁은 찻길에서 실랑이가 벌어졌다. 사단은 반대편 차로를 달리는 차편에서 비롯되었다. 무동마을에 이르렀을 스음이면 길이 병목현상을 빚어 오가는 차들이 암묵적으로 양보를 해야 한다. 석 달째 그 길을 오갔어도 아직 자그만 마찰 하나 빚어지지 않았다. 그런데 그제 퇴근 시간에는 무동마을 초입부터 차가 밀렸다. '사고가 났나? 왜 이리 꼼짝도 하지 않지?' 하며 처연하게 기다리는데, 차량 앞쪽에서 된소리가 났다. 누구 하나는 족히 까무러칠 만큼 고함이 컸다.

다들, 뭔 일인가 싶어 차에서 내려 사달이 벌어진 곳으로 모여들었다. 가 보니 승용차와 시내버스가 서로 머리를 맞대고 쥐락펴락했다. 상대편더러, 먼저 차를 빼라는 닦달이었다. 그런데 두 사람 모두 기가 팽팽했다. 쉽사리 풀리지 않을 일이었다. 몇몇 사람이 뜯어말려도 소용없었다. 되레 말리는 시누이가 밉다는 식으로 따져 들었다.

그렇게 십여 분이 흘렀다. 더는 말리는 사람이 없었다. 서슬이 퍼런 두 사람을 감당할 도리가 없었다. 그런데 잠시 후 상황은 전혀 딴판이었다. 양방향에서 경찰차가 사이렌을 울리며 나타났던 거다. 자기식으로 기고만장했던 두 운전자, 완전히 꼬리를 내리고 서둘러 차를 빼려 했다. 하지만 오지도 가지도 못하는 차량, 결국은 경찰관의 개입으로 일단락됐다. 멀끔한 사내가 엉뚱한 짓을 해서 괜히 퇴근길 사람들만 옥죄었다. 이럴 땐 '교통혼잡유발죄'를 적용하여 처벌해야 하지 않은가?

때로는 냉정해져야 한다. 이거저거 생각하다 포기하지도 못하고, 질질 끌려다니는 게 얼마나 많은가? 인간관계도 그렇다. 아닌 사람을 억지로 내 인생에 넣어 이러지도 저러지도 못하고, 흠집만 내는 사람이 많다. 한 번쯤 생각해보라. 과감하지 못하고, 우유부단하여 쓸데없는 잔정에 끌려다니는 상황이 얼마나 많았던가를.

좋은 사람에게 잘해주며 살아도 짧은 세월이다. 아닌 건 아니다. 과감한 결단력이 필요하다. 주변을 둘러보라. 참 괜찮은 사람이 많다. 아껴주고, 사랑해 주고 싶은 사람이 얼마나 많은지….

무지렁이 장아찌 속을 가진 그들, 지금은 느긋하게 운전하고 다닐까? 괜한 시비 말고 마음 똑바로 썼으면 더 바랄 게 없겠다.

우리가 진정 원하는 삶

누구나 행복한 삶을 영위하고자 한다. 그렇지만 그 행복의 조건이 자칫 물질적인 데만 치우친다.

돈이 많으면 행복하다.
좀 더 예뻐지면 행복하다.
사랑하면 행복하다.
건강하면 행복하다.
멋진 사람을 만나 행복하다.
결혼하면 행복하다.
아기가 생기면 행복하다.

등등 끝없이 펼쳐지는 욕망을 담은 수많은 행복의 조건이 존재한다. 과연 행복에 조건이 필요할까? 대학 등록금이 없어서 진학을 못 하는 사람에게는 돈이 곧 행복이고, 얼굴이 못생겨서 무시를 당한 사람에게는 아름다운 외모가 최고의 조건이다.

몸이 아픈 사람은 행복의 다른 이름을 건강이라고 생각할 테고, 불임부부는 임신만큼 소중한 행복은 없다고 여긴다. 하지만 그들이 원하는 행복의 요소들이 채워진다고 해서 완벽한 만족을 느낀다고 장담할 수 없다.

한 가지 행복을 얻게 되면 그보다 더 큰 기쁨을 갈망하는 게 인간의 속성이다. 과연 자신이 원하는 대로 무엇이든 술술 잘 풀린다고 행복하다 자신할까? 진정으로 값진 행복은, 고난과 어려움에 부딪히고 깨질 때야 비로소 만난다.

좌절과 절망을 딛고 일어섰을 때 맛보는 행복의 달콤함은 쉽사리 찾아오지 않는다. 물질적 풍요를 최우선으로 여기던 이들도 막상 병을 앓게 되면 돈도, 명예도, 학벌도 모두 부질없음을 깨닫게 된다.

아무리 부유한 권력가라고 해도 병 앞에서 한없이 무너지는 자신을 발견하고는 행복의 조건을 건강으로 다시 생각한다. 그렇다면 우리는 어떤 부분에서 따스한 감사와 행복을 느껴야 할까? 중요한 사실은 사소한 데서 크게 기뻐하는 마음이다. 소소한 데서 만나는 행복이다.

지금 내 삶을 이루는 건강과 아침에 환한 태양을 맞이하는 희망, 편안하게 호흡하는 자유, 어디든 걸어 다니는 튼튼한 두 다리, 아침햇살 아래 마시는 향긋한 차 한 잔, 전화기를 타고 흐르는 그리운 사람의 목소리, 이렇게 당연하고 사소한 일이 커다란 행복을 만들어낸다.

세상에는 병이 들거나 장애를 가져 다음날 깨어날지 불안해하면서 잠이 드는 사람, 인공호흡기를 달고서야 겨우 신선한 공기를 마시는 사람도 많다. 지금 당장 건강한 나와는 전혀 상관없는 세상이라고 생각하겠지만, 그 불행의 주인공은 언제든 바뀐다.

마치 당연하다는 듯 사랑하는 가족과 친구들이 내 곁을 지키고, 반찬값을 아끼기 위해 시장 아주머니와 실랑이를 벌이는 사랑스러운 아내가 사실은 굉장한 행운이다.

요즘처럼 기러기 아빠가 많은 시대 속에서 저녁 식사를 준비하는 아내와 장난기 넘치는 아이들로 북적거리는 가정이 사소하지만 소중한 기쁨이다. 행복은 먼 데에서 찾기보다 가까운 데서 만나야 한다. 초침이 움직이는 짧은 순간에도 사라지지 않은 채 자신 안에 존재한다.

불평이나 사랑이 존재하는 이 시간도 마음먹기에 따라 얼마든지 행복으로 바뀐다. 내 마음을 괴롭히는 대상에 사로잡혀 슬퍼

하기보다 미움이라는 감정을 갖는데 감사할 줄 알아야 한다.

높은 이상과 희망찬 미래를 꿈꾸는 건 인간의 자연스러운 욕망이다. 그러나 가끔은 발밑에 놓인 불행을 바라보며 자신이 얼마나 행복한 사람인지 다시금 되새겨 보아야 한다. 하루를 무사히 마치고 편안히 잠드는 평범한 일상을 죽을 만큼 간절히 원하는 이가 얼마나 많은가.

자신의 인생이 지루하다거나 불행하다고 말하기 이전에, 순간순간 스쳐 지나가는 행복의 잔상을 가만히 바라보는 시간을 가져야 한다. 행복은 자신의 마음속 깊은 곳에 존재한다.

그 행복의 평범한 조건을 끄집어내어 감사한 마음으로 느끼는 사람이야말로 진정한 행복을 누린다.

무엇이든 넘쳐서 좋을 게 없다

　오랜만에 친구를 만났다. 몸이 홀쭉했다. 평소 그는 90㎏을 상회했다. 반갑다는 인사치레보다 어디 아프냐고 넌지시 물었다. 그가 풀 죽은 목소리로 말했다. 단식 중이라고. 아니, 단식한다고? 뜨악했다. 뷔페에 가면 예닐곱 접시를 싹 비우는 사람이 그 어렵다는 단식을 한다고? 내심 걱정이 되었다. 아니나 다를까. 그는 단식 후유증으로 힘겹다고 했다.

　운동할 때, 먼저 준비운동을 하고, 주운동과 정리운동을 하듯이 단식도 준비 기간과 기본자세, 회복 기간이 필요하다. 무조건 굶는다는 게 단식이 아니다. 계획적으로 굶어야 한다. 단식은 쉼 없이 일하는 장기에 쉴 시간을 주는 기회이니, 여간 힘든 일이 아니다. 마음을 다부지게 가져야 한다.

　일반적으로 단식을 시작하려면 대략 4일 정도의 단식 준비기간이 필요하다. 먼저, 음식 간을 싱겁게 하고 먹는 양을 줄여나간다. 단식 전날은 미음과 같은 유동식을 먹는 게 좋다. 준비 기간이 없으면 단식에 실패한다.

　단식 기간에는 따뜻한 물을 하루 2L 정도 마신다. 이는 몸속 노폐물을 빼 주고, 배를 따뜻하게 해주어 장운동에 최고다. 단식하면 사람마다 여러 현상이 나타나는데, 주로 피부병이나, 몸과 입에서 냄새가 난다. 이럴 때 몸을 따뜻하게 하고 활동량을 줄이되, 간단한 맨손체조나 산책이 좋다.

　단식을 끝낸 후 회복 기간은 단식 기간과 비슷한 시간이나 두 배 정도의 시간을 잡아야 한다. 예를 들어 단식을 3일 하였다면, 회복 기간을 최소한 6일 정도로 잡는다. 이때, 음식은 소금기를 제한한 유동식으로 시작해서 위와 세포에 부담을 줄여야 한다. 단식으로 위가 줄어들면서 먹는 양이 줄어든다. 회복 기간을 무시하면 무리가 와서 위장병이 생기고, 요요현상이 난다. 그래서 회복 기간을 반드시 지켜야 한다.

　무계획적이고 즉흥적인 단식은 몸을 상하게 하는 지름길이다. 건강하기 위해 하는 단식인 만큼 계획을 짚고 실행해아 한다. 이것이 내가 아는 단식의 소견이다. 한데, 어느 정치인의 어설프고, 즉흥적인 단식을 지켜보며 고소를 금치 못했다. 기본 상식을 망각한 채 어쭙잖은 정쟁만을 위한 그의 단식은 그 목적보다 두고두고 화두가 될 게 빤다.

 무엇이든지 지나쳐서 좋을 게 없다. 벼는 익으면 익을수록 고개를 숙인다. 그렇지만 지나치게 숙여 버리면 흙 속에 묻혀 썩어 버리고 만다. 그렇기에 절대 비굴스럽지 않게 처신해야 한다. 진정성은 눈으로 보이지 않고 마음으로 읽힌다.
 깊은 산 속 샘물은 아무리 퍼낸다 해도 결코 마르는 법이 없고, 세찬 눈보라를 이겨낸 풀꽃에 벌 나비가 모여들 든다. 오뉴월 뙤약볕에 꿋꿋한 풀꽃일수록 더 진한 향기의 꿀을 지닌다. 사람도 그와 같다. 절대로 마르지 않는 샘물도 더는 퍼내지 않으면 말라 버린다. 타인에게 줄 사랑에 인색하여 흘릴 눈물마저 말라 버린 삭막한 가슴, 그러한 편협함으로 세상을 살아간다면 얼마나 답답할까?
 그래서 어느 정당 대표의 어설픈 단식 웃음거리는 주목받기는커녕 오직 당리당략만을 위한 치졸함으로 냉소를 금치 못했다. 먹보인 나는, 아예 단식을 생각하지 않는다. 그 때문에 남보다 살이 쪘다. 아랫배도 불거졌다. 그런 탓에 아내한테 늘 핀잔을 듣는다. 아무리 좋은 옷을 사 입어도 티가 나지 않는다고.

 그래도 나는 먹고재비를 벗어나지 못한다. 맛난 음식을 두고 어떻게 굶는단 말인가? 내 사전에 단식은 없다. 그냥 생긴 대로 만족하며 사는 게 행복이다. 남의 눈치를 보는 게 뭐 그리 중요한가.

화택(火宅)

거리를 거닐다 보면 자판기가 쉽게 눈에 띈다. 편의점도 마찬가지다. 어느새 내가 사는 소읍에 구멍가게가 사라졌다. 그냥 형체가 사라진 게 아니고, 그곳에 오도카니 새롭게 단장한 24시 편의점이 턱하니 자리 잡고 앉았다. 그뿐만 아니다. 그곳에는 온통 즉석식품이 똬리를 틀었다.

우리 먹을거리는 적어도 2, 30분의 수고를 더해야 입 차지가 된다. 느긋하게 기다릴 줄 알아야 한다. 그런데도 패스트 푸드는 이와 판이하다. 불과 3분 이내에 배고픔이 해결된다. 라면과 햄버거, 즉석 도시락이 그것이다.

자판기의 커피만 보아도 그렇다. 마음이 느긋한 사람은 커피가 다 나온 후, 불이 꺼지면 컵을 꺼낸다. 그런데 성급한 사람은 자판기 커피 눌러놓고, 컵 나오는 곳에 손 넣고 기다린다. 이 때 문에 더러 튀는 커피에 손을 데기도 한다.

바쁜 사람은 사탕 하나도 쪽쪽 빨아먹기는커녕 깨물어 먹다가 이가 부러진다. 아이스크림은 혀로 핥으며 천천히 먹어야 그 맛을 안다. 그런데도 성급한 사람은 아이스크림을 베어 먹어야지 핥아먹다간 벌떡증 걸린다.

성급한 사람은 기다리던 버스가 도착하면 도로로 내려간다. 종종 버스와 추격전까지 벌인다. 출입문 열리기도 전에 문에 손을 댄다. 택시를 탈 때도 마찬가지다. 성급한 사람은 도로로 내려가 택시를 따라서 뛰어가며 문 손잡이를 잡고 외친다. 한국인의 조급성 적나라하게 펼쳐진다.

야구 경기를 보면 안다. 조급한 사람은 9회 말 2사가 되면 더는 지켜보지 못하고, 경기 다 끝났다고 포기해 버린다. 그쯤이면 꽉 찬 관중도 반으로 준다. 그렇지만 맘 느긋한 사람은 9회 말 2 아웃부터 '힘내라! 우리 편!' 끝까지 응원한다.

영화를 볼 때도 마찬가지다. 성급한 사람은 '이제 영화가 거의 끝나는구나!' 판단되면 먼저 나가려고 안달이다. 그러나 느긋한 사람은 영화의 마지막은 엔딩 크레디트(만든 사람 소개 화면)와 함께 OST를 감상하며 그 여운에 젖는다.

느긋한 사람은 식당에서 음식이 나올 때까지 조용히 앉아서

기다린다. 성급한 사람은 '에이 씨! 돼지를 키워서 만들어오나, 더럽게 안 나오네!' 버럭 화를 내고 소리 지른다. 밥맛이 덩달아 떨어지고 심지어 소화가 안 된다.

대개 사람은 두 가지 성격으로 크게 나뉜다. 그중에서도 가장 나쁜 성격은 남을 비난하는 말투와 성급함이다. 이로 인해 매사에 화를 잘 내게 된다. 그런데도 긍정적 시각으로 느긋한 마음을 지닌다면 화낼 일은 훨씬 줄어든다. 또, 성급함이나 화는 불의 특성을 가져서 어느 순간에 화재를 일으켜 몸과 마음을 여지없이 태워버린다. 그래서 사람의 몸을 화택(火宅 불의 집)이라고 하지 않는가.

저녁, 읍내를 거닐다 보니 여전히 편의점이 북적댄다. 바쁜 사람이 다 모였다.

2080 건강한 치아

　OECD 국가 중에서 우리나라 청소년의 치아 상태가 맨 꼴찌란다. 사는 형편은 나아졌다. 하지만, 오히려 먹을거리는 건강을 해치는 쪽으로 치우쳐 간다. 더욱이 바쁘게 사는 요즘 세태는 손쉽고 편한 먹을거리만을 찾는다. 그러다 보니 자연 땅에서 나는 알곡과 푸성귀보다 가공식품에 더 손이 간다.
　시간 절약되고, 영양 좋고, 가격이 싸다면 그것을 마다할 까닭이 없다. 하지만 그러한 즉석 음식은 성인에게만 받아들여져야 한다. 성장기 아이에게 우리 땅에서 나는 신선한 먹을거리를 챙겨 먹여야 한다. 그것은 자애로운 어머니 손길같이 잡다한 질병을 자정시키고, 내성을 길러주기에 충분하다.
　한참 지난 이야기다. 아이들 치아 건강을 위해 교실에서 쌀을 볶았다. 톡톡 튀며 고소하게 익어 가는 냄새가 솔솔 풍기었다. 메주콩과 땅콩도 볶았다. 한 숟가락씩 입에 넣고 꼭꼭 씹었다. 어린 시절 콩 볶았던 기억이 새롭다. 그때는 한 끼 먹을거리였으나, 지금은 단지 군입 거리도 아니다.

아이들, 볶은 쌀 씹기를 주저한다. 마치 못 먹을 음식을 대하는 양 딱딱하다고 뱉어내는 아이가 대부분이다. 맛도 없다고 투덜댄다. 하기야 요즘 어느 가정에서 쌀을 볶겠는가. 그것도 단맛은 일절 넣지 않고 볶았는데 입맛에 맞을 리 없다.

잠시 후 한 아이가 용감(?)하게 씹어보고는 엄청 고소하다는 반응을 보이자, 그제서야 아이들 덩달아 입을 오물거리며 씹기 시작했다. 그러나 얼마 지나지 않아 이빨이 아프다는 하소연이 이어졌다. 이빨에 쌀알이 끼었다고, 잘 씹혀지지 않는다는 불평이다. 난감했지만 입안에 든 쌀은 꼭꼭 씹으라고 강요(?)할 수밖에 없었다. 아이들 잇몸이 무척 약하다. 그 까닭은 음식 탓이다. 부드러운 음식, 쉽게 씹히는 음식만을 애써 먹였기 때문이다.

교실에서 콩 볶는 이유는 딴 게 아니다. 요즘 아이들이 좋아하는 음식은 한결같이 맛나고 부드럽다. 햄버거, 피자, 핫도그, 소시지, 햄 등은 치아를 단단하게 하는 데 도움을 주는 음식이 아니다. 대게 잇몸이나 음식을 씹는데 필요한 골격을 다져주지 못한다.

아이들의 치아 상태가 걱정된다. 열두 살, 이빨을 온전하게 가진 아이가 불과 몇 명밖에 안 된다. 대부분 삭은 이, 뽑아야 할 이, 충치로 엉망이다. 치아가 오복 중에 하나라고 할 만큼 이빨은 평생을 두고 소중하게 간직해야 할 재산인데, 그냥 두고 볼 일이 아니다.

나 역시도 한때 민주화 시위 중 전경 방패에 맞아 사고로 앞니 전부를 충격받아 단단하고 질긴 음식을 먹는데 자유롭지 못하다. 게다가 치열도 고르지 못하다. 그만큼 이빨을 드러내는 데 자신이 없다. 아마 장년기를 사는 나도 이런데 청소년기의 아이들은 오죽하겠는가.

하여 아이를 사랑한다면 먼저 좋은 이빨을 갖도록 보살펴야 한다. 아이의 치아를 튼튼하게 하려면 딱딱한 음식을 함께 챙겨 먹도록 먹는 게 좋다. 이빨을 건강을 위해 씹는 일을 게을리해서는 안 된다. 2080의 법칙이 치아 건강에도 바로 적용된다. 20살 건강한 치아 80살까지.

인생무상

벌써 인생무상을 운운할 나이가 됐다.

그저께 친구의 부음을 받았다. 한데, 오늘 또 친구가 뇌졸중으로 쓰러졌다.

그는 평소 낚시와 골프를 즐길 만큼 건강 하나는 자신했다. 작년 유월, 내가 중환자실에 실려 갔을 때, 곧바로 달려와 신심을 다해 쾌유를 기원해 주었던 친구였다.

한데, 채 1년도 지나지 않아 한 사람은 불귀의 객이 되었고, 다른 친구는 이제 혼자 힘으로 옴짝달싹도 못 하는 몸이 됐다.

건강을 생각하면 두 친구보다 더한 사람은 만나보지 못했다.

새벽 수영은 기본이고, 점심 저녁으로 헬스로 몸 단련하고, 주말은 골프 모임으로 낯짝 보기 어려웠다. 그렇게 유달랐던 그들은 늘 마흔의 몸매로 부러움을 샀다. 그런데 친구를 보내고, 그와의 추억을 되살려보는 중에 미더운 친구의 낙상은 어처구니가 없다. 오십 줄 나잇살이면 누구나 고질병 하나쯤은 훈장처럼 달고 산다. 하지만 십 년째 혈압약을 먹는 나는 그다지 건강을 자신하지 못한다. 그래서 항상 조심하고, 제때 약을 꼬박꼬박 챙겨 먹는다.

뇌졸중으로 쓰러진 친구는 매번 그랬다. 자신을 엄습한 당뇨와 혈압은 적당한 운동으로 충분히 극복한다고. 그렇게 장담했던 그는, 운동을 맹신하며 일체 알약을 입에 대지 않았다.

꾸준한 운동 덕분인지 혈당과 혈압은 그야말로 정상치였다.

한때 나도 그가 부러워 약을 끊고 운동으로 대체하려고 했으나, 불과 며칠 만에 그만뒀다.

임신 6개월 아랫배는 그깟 운동으로는 불가항력이었다. 차라리 배불뚝이로 살지언정 먹는 음식을 마다하면서까지 그러고 싶지 않았다. 태생적으로 먹보인 나는, 입에 당기는 음식을 제쳐두어야 하는 그 자체가 고역이다. 해서 당장에 건강을 해치지 않는다면 억지로 굶고는 못산다.

요즘 아침을 굶는다. 본의 아니게 먹을 요량이 안 되어 몇 번 걸러보니 그렇게 편할 수 없다. 물론 정시 정량을 챙겨 먹었던 가족은 아닌 밤에 홍두깨로 된 통을 맞은 듯 놀랬을 테다. 하지만, 이 또한 고집스럽게 계속할 작정이다.

그러나 사람 사는 일 늘 좋잖은 일만 거듭되는 게 아니다.

연일 봄꽃 지천으로 흐드러지듯 친구 아들딸 혼사 소식이 날아든다. 그동안 몇몇 친구고 일찌감치 며느리 보고 사위를 보았다. 이렇게 한꺼번에 성혼 소식을 알리기는 근래 보기 드문 일이다. 그 덕분에 3, 4월 주말은 온통 매여야 할 처지다.

그냥 데면데면하게 지냈던 사이 같으면 축의금으로 축하를 대신에 한다. 그렇지만, 평생 얼굴 뜯어먹고 살아야 할 원수지간이라면 열 일 제쳐두고 달려가 눈도장을 찍어야 한다.

우아하게 늙기

한국인의 평균수명은 84세라 한다.
그러다 보니 오래 살기보다 우아하게 늙는 게 화두가 되었다.
우아하다는 건 무엇을 의미할까? 여자는 여유로운 마음으로 온화하게 늙고, 남자는 노신사처럼 중후한 멋을 풍기며 늙는다는 거다. 20대 얼굴까지는 부모님이 만들어 준 얼굴이라 하지만, 50대부터는 스스로 만드는 얼굴이라 한다. 나이를 먹어도 언제나 밝은 얼굴, 선한 인상으로 호감을 주는 얼굴, 성깔이 나 보이는 얼굴을 만난다.
얼굴은 그 사람이 어떤 마음으로 살아왔느냐를 말해 준다고 한다.
인간의 노화는 어떠한 의학으로도 막을 길이 없다. 그래서 그

노화를 아름답고 우아하게 바꾸려는 노력이 중요하다. 스트레스를 줄이고, 편안한 마음가짐을 가져보라. 살다 보면 별의별 일들과 부딪치지만, 언제나 긍정적인 마음으로 편하게 살아가면 곱게 늙어간다.

노화는 피할 수 없는 과정 중의 하나다.

한 살 한 살 먹어 갈수록 긍정적인 사고와 베푸는 마음, 사랑하는 마음만이 멋지고 아름답게 우아하게 늙어가게 한다. 반대로 늘 불평하고 의심하고, 경쟁하고, 집착하는 건 우리를 흉하게 늙어가게 한다. 우리 모두 세월이 가는 걸 인정하고, 우아하게 늙어가야겠다.

말을 많이 하기보다는 듣기를 많이 하라고 했다.

노인의 장황설과 훈수는 모임의 분위기를 망치고 사람을 지치게 만든다. 말 대신 손뼉을 많이 쳐주는 게 환영받는 비결이다.

회의나 모임에 부지런히 참석해야 한다. 집에만 칩거하며 대외 활동을 꺼리면 정신과 육체가 모두 병든다. 동창회나 향우회 옛 직장 동료 모임 등에 빠짐없이 참석하고 될수록 익숙한 모임보다 새로운 사람과 만나는 이색모임이 더 좋다.

그런데 카페 모임 등 취미활동 모임에 나가면 말없이 솔선수범해야 인정받는다. 나이 들었다고 대우받으려 하면 기피에 대상이 될 뿐이다. 언제나 밝고 유쾌한 분위기를 만들고, 유지하는 게 좋다. 지혜롭고 활달한 노인은 주변을 활기차게 만든다. 짧으면서도 강렬한 지혜의 언어를 구하고, 독창적인 유머 한두 가지를 곁들인다면 더 바랄 게 없다.

돈이든 일이든 자기 몫을 다해야 한다.

지갑은 열수록 입은 닫을수록 대접을 받는다. 우선 자신이 즐겁고 가족과 아랫사람으로부터는 존경과 환영을 받게 된다. 친구들 모임을 비롯하여 어떤 모임이든 마찬가지다. 포기할 건 과감하게 포기해야 한다.

이제껏 내 뜻대로 되지 않은 세상만사와 부부 자식 문제가 어느 날 갑자기 기적처럼 변모할 리가 없다. 되지도 않을 일로 속을 끓이느니 차라리 포기하는 게 심신과 여생을 편안하게 하며, 우아하게 늙는 비결이다.

아무튼, 우아하게 늙는다는 건 정말 어려운 숙제다. 그래서 위에 나열한 모든 사항이 정답일 수는 없으며, 다만 참고사항일 뿐이다. 숙제를 풀 수는 없어도 풀고자 하는 노력만큼은 최선을 다해야 우아하고 아름답게 늙는다.

예쁘게 물든 단풍은 봄꽃보다 아름답다.

밑불 같은 사랑

　참나무는 요란스럽게 타지 않고, 불꽃이 화려하지도 않으며, 오래 탄다. 그렇게 타면서도 다른 땔감의 밑불이 되고, 타다가 꺼지면 참숯이 되어 다시 불을 일으킨다. 사람도 말없이 다른 사람의 밑불이 되어주고, 따뜻한 온기를 품어낸다.

　먼저 손을 내미는 겸손, 기꺼이 용서하는 용기, 소외된 사람을 보듬는 사랑, 상대의 부족함을 채워주는 배려. 이처럼 주위를 살피는 마음이 남에게 밑불이 되어주는 일이 아닐까?

　거침없이 타오르다 이내 사그라지고 마는 사람보다, 우리에게 믿음을 주고, 힘을 주고, 용기를 주는 사람, 살맛 나게 하는 사람, 그런 사람이 참나무 장작 같은 사람이 아닐까.

　목소리가 낮고, 키도 크지 않아 눈에 잘 띄지 않아도, 굳이 이

기려고 남을 해치는 일도 하지 않고, 차례를 어기는 일 없이 그저 묵묵히 자신의 자리를 지키며 주어진 삶에 감사하며, 성실하게 살아가는 사람이 많다.

　어려움 속에서도 자신의 본분을 잊지 않고 따뜻한 인간미를 나누며 사는 선한 사람, 사소한 일일지라도 최선을 다하는 사람, 주어진 삶에 진정 감사할 줄 아는 사람, 그 사람이 바로 우리였으면 좋겠다.

옹색한 그릇

집마다 주방에 수많은 그릇이 놓였다. 크고 작은 그릇, 볼기가 납작한 그릇, 중허리가 볼록한 그릇, 그 모양새가 다 다르다. 실로 주방 집기만큼 다양한 물건은 드물다. 게다가 그 쓰임도 생김새에 따라 천차만별이다.

우리 집 강아지 행자만 해도 서너 가지 그릇을 독차지한다. 예전에는 맛깔난 음식을 나눠 먹는 앞접시로 낯짝을 드러냈는데, 우리 집에 분양받고서 영락없는 개밥그릇이 됐다. 그런데도 한 주일에 한 번은 자주 쓰는 식기랑 온열 살균을 한다. 개밥그릇치고는 제법 대접을 받는다.

그릇의 쓰임은 다양하다. 때론 그릇은 마음을 담기도 한다. 작은 그릇은 적게 담을 수밖에 없으나, 마음을 담을 때는 그 크기가 달라진다. 좋은 뜻을 건네면 아무리 헤프게 퍼 날라도 밑바닥이 보이지 않는다. 보시의 그릇은 마력을 가졌다.

 평생을 단출하게 살면서도 십억을 쾌척하는 어느 김밥 장사 할머니, 열 명이 넘는 아이를 입양해서 제 자식보다 더 살갑게 키우는 어느 목자 부부의 그릇을 전혀 작지 않다. 또, 유기견 60마리를 돌보는 배우 이용녀 씨. 그녀는 "유기견을 키우기 전에는 꾸미기도 잘했는데, 유기견을 키우면서 꾸미지도 않고, 머리는 산발이고, 발뒤꿈치가 다 갈라지고 하니까 동료들이 '여배우가 그러면 되겠냐'고 그만두라고 했다"라고 말했다. 특히 그녀는 "나 자신을 돌보기보다 유기견 돌보기가 우선순위가 됐다"라고 말해 남다른 강아지 사랑으로 눈길을 끌었다. 그 또한, 작지만 큰 자기 그릇을 예쁘게 빚었다.

 그런데 타인의 마음을 담는 내 그릇은 얼마만 할까? 아무리 생각해도 비좁다. 아직은 선뜻 베푸는 데 주저한다. 그릇을 잡는 손가락이 쉽게 펴지지 않는다. 궁벽하게 살지 않았는데도 남을 위하는 마음 그릇은 간장 종지만 하다. 벌써 십 년 이상을 변함없이 탈북자 청소년을 돌보는 일에 헌신하는 친구, 그는 언제나 베풂에 너그럽고 신선하다. 그렇지만 자기 자신을 위해서는 너무나 엄격하다. 심지어 자동차 등록 대 수 2,613만 4000대(2024년 6월 말 기준)를 상회한 지금 세상에 차 없이 발품으로 산다. 서울 노른자위에 살아도 그만큼 소탈하다. 나들이 행장도 수수하다. 걸핏하면 제 자랑하기에 바쁜 세상인데.

  이처럼 자신을 다 부어주는 용자를 만나면 숙연해진다. 그러나 큰 그릇을 가졌더라도 턱없이 적게 부어주는 소인배를 볼 때면 우선 낯짝부터 데데해서 싫다. 겉만 뻔지르르하고, 자기를 내세우고 그릇만 부신다. 그러니 그의 그릇은 아무리 커도 늘 비었다. 많을 걸 받으면서도 나눠주는데 인색한 그릇이다. 혹 우리의 사랑도 그렇게 난잡한 그릇이 아닐까? 건강한 삶은 머리가 아닌 가슴으로 부대끼며 헤퍼야 하는데.

어떤 배려

우리 가족은 4층 빌라 맨 위층에서 산다.

잘 알겠지만, 천장 위가 바로 옥상인 경우, 겨울에는 춥고, 여름에는 덥다. 엘리베이터도 없는 건물이라 오르내리기도 수월치 않다. 그런데도 맨 위층을 찾아 이사했다.

경제적인 사정도 한몫했지만, 실상은 전에 살던 집에서 층간소음에 시달렸던 기억 때문이다.

그렇게 이사를 하고 몇 개월이 지나, 아내가 두 아이를 데리고 친정에 며칠 갔던 때였다.

휴일이라 쉬는데 조심스럽게 문 두드리는 소리가 들렸다.

벌써 아내와 아이들이 돌아왔나 싶어 문을 열었더니 아래층에 사는 노부부가 찾아왔다.

"예, 어르신. 무슨 일인가요?"

"아, 저, 그게. 아이들이…."

"며칠 저희 아이들이 집에 없어서 조용했을 텐데요."

예전 층간 소음에 시달리던 기억이 떠올랐던 저는, 혹시나 우리 아이들 때문에 층간 소음으로 노부부가 올라오셨을 거로 생각했다.

"아니, 그게 아니라. 요 며칠 애들 발소리가 안 들려서요. 혹시 어디 아픈 게 아닌가 걱정이 돼서 그만 실례를 무릅쓰고 이렇게 찾아왔어요. 아이들 괜찮나요?"

생각지도 못한 일이었다.

아직도 세상에는 이웃을 걱정해주고, 배려해 주는 사람이 많다.

그러나 지금도 아이들이 집에 머물 때는 조심하면서 지내지만, 가끔 맛난 반찬을 만들면 아래층 노부부에게 갖다 드리는 따뜻한 이웃이 되었다.

우리는 이웃의 단점과 아픔도 감싸 안아야겠다.

이웃과 우리를 가로막은 단단한 벽을 통해서도 배려를 나누어야 한다.

미움보다 사랑을 전하는 따뜻한 세상이 되었으면 한다.

사랑의 온도

사고로 오른손을 잃은 아이. 초등학교에 입학했지만, 친구와 어울리지 못했다. 때로 친구들의 놀림을 받았다. 보다 못한 아버지는 선생님을 찾아가 아이가 다시는 마음의 상처를 받지 않도록 부탁했다.

수업 시간이 되자 선생님은 학생들에게 끈을 하나씩 나누어주고는 오른손을 뒤로 돌려 허리띠에 끈으로 묶으라고 했다.

호기심에 재밌어하는 학생에게 다시 말했다.

"이번 수업이 끝날 때까지 오른손을 쓰지 않고서도 공부를 잘하는지 체험해 볼 거예요."

수업이 끝나자 선생님은 묶었던 끈을 풀라고 했다.

그리고 쉬는 시간이 되자 반 아이들은 오른손이 없는 친구를 찾아가 미안하다고 말했다.

"우리는 네가 그렇게 불편할 거라곤 생각 못 했어. 너는 오른손을 안 쓰고도 어떻게 그 모든 걸 하지? 그동안 그것도 모르고 놀려서 정말 미안해."

장애를 가졌다는 건 다르다는 거지 틀린 게 아니다.

나와 조금 다르다고 편견의 눈으로 바라보기 전에 아주 잠시만 상대방의 입장이 되어보면 상대방의 입장이 되어보면 그 아픔을 알게 된다.

서로 다름을 인정하고, 상대방의 입장이 되어볼 때, 사랑의 온도는 올라간다.

인사 한마디의 위력

　냉동식품 공장에서 일하는 한 여직원.
　어느 날 퇴근하기 전 냉동 창고에 들어가 점검을 하던 중 '쾅!' 하고 문이 닫히는 바람에 갇히고 말았다. 깜짝 놀란 그녀는 큰소리 외치며 도움을 청했다. 그러나 문밖에서는 아무런 기척도 없었다.
　다섯 시간쯤 지나 여직원의 몸이 얼어 갈 즈음, 냉동 창고 문틈으로 빛이 들어오더니 누군가 문을 열었다.
　뜻밖에도 경비원 아저씨였다.
　경비원은 이 공장에서 35년 동안 근무했다. 그렇지만 그 여직원 말고는 누구도 인사하는 사람이 없었다. 마침 그날 퇴근 시간이 지났는데도 아가씨의 모습이 보이지 않았다. 이상하다는 생각이 들어 공장 안을 훑어보다가 냉동 창고까지 확인하게 되었다고 말했다.

"사람들은 나를 별 볼 일 없는 사람으로 대했습니다. 하지만, 매일 나에게 인사를 해준 아가씨가 기다려졌어요. 내가 그래도 사람대접을 받는다고 느꼈거든요."

사랑을 아끼지 마라

톨스토이와 관련된 일화이다. 그가 여행하던 중 여관에 들러 하룻밤을 자게 되었다. 다음 날 아침, 그 여관을 나오려 할 때 뜻밖의 일이 생겼다. 여관집 어린 딸이 병들어 누웠는데, 그 아이가 톨스토이의 빨간 가방을 보고 자기 어머니에게 그것을 달라고 조르며 울었다.

톨스토이는 그들의 사정을 딱하게 여겼다. 그렇지만 자신이 지금 여행 중이고, 그 가방 안에는 많은 물건이 들어서 줄 수가 없었다. 그래서 그는 그 아이에게 약속했다.

"얘야 조금만 기다려라. 내가 여행을 마치고 돌아오는 길에 다시 들르마. 그때 너에게 이 가방을 주도록 하마."

그리고 난 뒤 톨스토이는 별생각 없이 그 여관을 나왔다. 며칠 후 그는 여행을 마치고 약속대로 다시 여관을 찾아갔다. 그는 병들어 누웠던 아이에게 자신의 빨간 가방을 주기 위해서였다.

그런데 그 아이의 어머니는 눈물을 흘리면서 말했다.

"제 아이는 손님이 가신 그날 저녁에 죽고 말았답니다. 손님의 빨간 가방을 그토록 갖고 싶어 하더니 며칠을 기다리지 못하고 결국 가버리고 말았답니다."

톨스토이는 공동묘지에 묻힌 아이의 무덤을 찾아갔다. 그는 자기가 가져온 빨간 가방을 무덤 앞에 놓았다. 그리고 그 아이의 마지막 소원을 들어주지 못한 자신의 행동을 안타까워하면서 그 아이의 무덤 앞에 비석을 세워주었다.

그는 비석에 이러한 글귀를 새겨 넣었다.

"사랑의 실천은 미루지 말라."

톨스토이가 가방을 주려는 마음이 없었던 게 아니듯 우리 마음속에도 사랑이 늘 느껴진다. 안타까운 일, 가슴 아픈 일, 속상한 일에 감정도 같이 일어난다. 그러나 마음과 실천은 다르다. 마음에만 머물면 끝내 그 상태일 뿐이다.

세월은 기다려주지 않으니 사랑을 아끼지 말라는 말, 인생 속에 긴 호흡으로 살아가는 사람이라면 함께 나누고, 마음을 주고받는 걸 꾸준히 하는 게 아름다운 삶의 지혜다.

감정 언어

언어가 사람에게 미치는 영향은 얼마나 될까? 말은 마음과 생각을 변화시킨다. 또한, 사람의 육체를 변화시키기도 한다. 행동을 지배하기도 하고, 환경과 운명을 결정하기도 한다. 그 결과 자아상까지 바꾼다.

언어는 사실 언어와 감정 언어로 크게 나뉜다.

사실 언어는 '인상이 딱딱해 보이네요'와 같은 말이다. 사실대로 한 말이지만, 듣기에 좋은 표현이 아니기 때문에 상대방은 기분이 상하게 한다.

반면에 감정 언어는 긍정적이고 배려하는 말로, 사람을 기쁘게 한다.

"세상에서 네가 가장 소중하단다."

"역시 당신이 최고야!"

"분위기가 참 좋습니다."

라는 말이 여기에 해당한다.

생각이 행동을 만들고, 행동이 습관을 만들고, 습관이 인격을 만든다. 그렇다고 남을 기쁘게 하려고 없는 말을 꾸며서 말할 필요는 없다.

진실을 말하면서도 기분 좋게 말해야 한다.

말하는 습관은 하루아침에 이루어지지 않는다.

낙숫물이 바위에 구멍을 뚫듯이 계속 감정 언어를 쓰게 되면 인격도 변하고 삶도 변한다. 그뿐만 아니라 감정 언어는 우리에게 성공과 행복을 가져다준다.

밝고 환한 말, 힘이 되고 용기를 주는 말, 사람을 기쁘게 하는 말로 서로 격려하고 위로하다 보면 삶에 활력이 넘친다. 가정이나 직장은 물론, 내가 가는 모든 곳이 활기차고 밝아진다.

베풀어 주는 가치를 높여 주는 칭찬은, 개인의 업무 능력을 극대화할 뿐 아니라, 잠재 능력까지 끌어내는 힘이다. 어디든 좋은 분위기를 만들려면 칭찬을 아끼지 않아야 한다.

"무슨 말로 이 사람을 기쁘게 해줄까?"

그것을 생각하면 만나는 사람과 감정 언어를 더 많이 나누어야겠다. 그게 으뜸가는 삶의 활력 에너지다.

건강한 인간관계

정신이 건강한 사람은 사랑할 줄 안다.

반면에 정신이 건강치 못하면 사람을 미워하는 법부터 배운다.

무턱대고 사람을 미워하고, 분노하고, 짜증 내고, 트집을 잡는다.

이런 사람의 대부분은 어렸을 적 부모의 사랑을 흠뻑 받지 못하는 환경에서 자란 경우가 많다.

정신이 건강한 사람은 분노나 짜증, 복수보다는 용서가 나 자신을 편안하게 하고, 행복하게 하며, 모두를 위하는 길임을 안다. 용서가 나에게 상쾌한 기쁨을 가져다준다는 걸 안다.

건강한 관계를 유지하려면 오해보다는 이해를 앞세워야 한다.

'내가 저 사람의 입장이라면'이라는 생각을 가져야 한다.

오해는 점점 더 걷잡을 수 없는 오해를 낳고, 더 큰 오해를 키울 뿐이다. 오해를 줄이려면, 서로가 서로에게 진실한 모습을 보여주어야 한다. 말과 마음이 다르지 않으며, 말과 행동이 다르지 않음을 보여주어야 한다.

사람이 사람한테 실망하는 일만큼 미욱스러운 일이 없다. 하지만 그러한 일들 하나하나 따져보고, 곰곰이 들여다보면 실로 조그만 일에서 빚어졌다. 열 번 잘한 말, 열 번 잘한 행동도 한 번의 실수로 엉망이 되고 만다. 또한, 건강한 관계를 유지하려면 먼저 사랑을 나눠줘야 한다.

사람은 누구나 사랑받고 싶어 하는 마음을 가졌다. 그렇지만 실상 사랑받기보다는 사랑을 줄 때가 더 행복하다. 사랑을 주는 순간에는 화날 일도 없고, 오해할 일도 없으니 우리는 그저 사랑을 주려 노력하며, 주는 기쁨을 우선해야 한다.

건강한 관계를 유지하려면 서로 다름을 인정하고, 다름과 다름을 엮어 협력하는 기쁨, 역할 분담의 효율성을 끌어낼 줄 알아야 한다. 서로가 이해하고, 사랑을 주고받으며, 다름을 인정하고 협력하는 관계가 먼저여야 한다. 그래서 서로가 한 방향을 바라볼 때 진정한 기쁨을 느낀다.

많은 사람이 한 방향으로 나아가는 관계, 그것이 이상향의 세계다.

큰 돌과 작은 돌

두 여인이 노인 앞에 가르침을 받으러 왔다.

한 여인은 젊었을 때, 이혼한 일에 대해 괴로워하면서 자신을 용서받을 수 없는 큰 죄인으로 여겼다. 그러나 또 한 여인은 인생을 살아오면서 도덕적으로 큰 죄를 짓지 않았기에 어느 정도 만족했다. 노인은 먼저 얘기한 여인에게는 커다란 돌을, 뒤의 여인에게는 작은 돌을 가져오라고 했다.

두 여인이 돌을 가져오자, 노인은 들고 왔던 돌을 다시 제자리에 두고 오라고 했다. 큰 돌을 들고 왔던 여인은 쉽게 제자리에 갖다 놓았다. 그렇지만 여러 개의 작은 돌을 주워온 여인은 원래의 자리를 일일이 기억해낼 수가 없었다.

노인이 말했다.

"죄도 마찬가지이니라. 크고 무거운 돌은 어디에서 가져왔는지 기억할 때 곧바로 제자리에 갖다 놓으나, 작은 돌들은 원래의 자리를 잊었으므로 도로 갖다 놓을 수가 없느니라. 큰 돌을 가져온 너는, 한때 네가 지은 죄를 기억하고, 양심의 가책에 겸허하게 견디어 왔다. 그러나 작은 돌을 가져온 너는, 비록 하찮은 일 같아도 네가 지은 작은 죄들을 모두 잊고 살아왔기에 뉘우침도 없이 죄의 나날을 보내는 버릇이 들었다. 너는 다른 사람의 죄는 이것저것 말하면서 자기가 더욱 죄에 깊이 빠진 걸 모른다. 인생은 바로 이런 거다."

절실한 마음의 힘

한 무명 여배우가 영화 오디션을 봤다.
제법 중요한 배역의 오디션이었기 때문에 경쟁자가 많았다.
그녀는 거장이라 불리는 영화감독과 국민배우라 불리는 선배 배우 앞에서 무척 긴장한 표정으로 자신의 차례를 기다렸다. 그리고 자신의 차례가 된 여배우는 시퍼렇게 날이 선 생선회칼을 불쑥 꺼내 들고 영화 관계자들 앞에 당당히 나섰다.
여배우가 노리는 배역이 일식집 주방장이었기 때문에 미리 준비한 칼이었다. 그런데 오디션 심사를 보던 선배 배우는 놀라지 않고 오히려 의아함을 느꼈다. 여배우가 들고 온 칼은 금방 산 새 칼이 아니라 오랜 시간 동안 사용되면서 잘 관리된 물건이었기 때문이다. 선배 배우가 칼을 어디서 구해왔냐고 묻자, 여배우는 건물 1층 횟집에서 빌렸다고 했다. 하지만 선배 배우는 믿지 않았다. 요리사가 목숨처럼 아끼는 칼을 남에게 함부로 빌려줄 수가 없다고 생각했기 때문이다. 그런데 조사해 보니 그 칼은 정말로 요리사에게 빌린 물건이었다.

여배우는 오디션 전에 요리사를 찾아가 이렇게 말했다.

"저는 이 작품이 진짜 절실해요. 선생님 저 이 칼 갖고 사고 칠 아이 아닙니다. 이 칼을 저에게 빌려주신다면 오디션에 큰 도움이 될 거고, 제가 합격을 한다면 선생님 덕분입니다."

요리사가 자신의 칼을 내줄 정도로 절실함을 가졌던 배우 강혜정은 영화 올드보이에서 선배 배우 최민식과 함께 열연을 펼쳐, 영화계의 스타로 떠올랐다.

절실함이 만들어낸 선명한 목표를 가지면 반드시 성공한다. 어떤 일도 절실함을 가진 사람을 이기는 건 그것이 쉽지 않기 때문이다.

어느 며느리의 지혜

"저, 아범아, 삼만 원만 주고 가렴."

"없어요!"

여든 살 넘은 아버지가 회사에 출근하는 아들에게 어렵사리 말했다. 그렇지만, 아들은 박정하게 돌아서 나갔다. 연만한 아버지는 이웃 노인과 어울리며 얻어만 먹어, 오늘은 소주 한 잔 갚아주고 싶었다.

설거지하다 부자간의 대화를 듣고, 시아버지의 그늘진 얼굴을 훔쳐본 며느리는, 한참 무엇을 생각하더니 밖으로 달려 나갔다.

버스를 막 타려는 남편을 불러세워 숨찬 목소리로 손을 내밀었다.

"여보, 돈 좀 주고 가요."

"뭐 하게?"

"애들 옷도 사야 하고, 여고 동창 계모임도 가야겠어요."

남편은 안주머니에서 돈을 꺼내 헤아리며 점심값이 어쩌고, 대포값이 어쩌고 하는 모습을 보고, 몽땅 빼앗아 차비만 주고 집으로 돌아왔다. 그리고는 아파트 양지바른 벽에 기대어 하늘만 쳐다보는 시아버지께 그 돈을 몽땅 드리며 말했다.

"아버님, 이 돈으로 친구와 소주도 사드시고, 대공원에도 가시고, 바람도 쐬고 오세요."

연신 눈물을 쏟으려는 시아버지는, 며느리가 고마워서 말을 잊은 채, 어떻게 할지 모르는 표정으로 한참을 서 계셨다.

그날 저녁 남편이 퇴근하고 돌아와서는

"왜 애들 얼굴에 구정물이 흐르듯 이렇게 더럽냐?"

고 물었다.

그 이튿날도 또 그다음 날도 애들 꼴이 엉망이 되었다. 새까만 손등이며, 며칠 전까지만 해도 반드레하던 애들이 거지꼴로 변해갔다.

남편은 화를 내며

"당신은 종일 뭐하길래. 애들 꼴을 저렇게 만들어 놓았소?"

남편의 화난 소리에, 아내도 화난 목소리로,

"저, 애들을 곱게 키워봐야. 당신이 아버지께 냉정히 돈 삼만

원을 거절했듯이, 우리가 늙어서 삼만 원 달래도 안 줄 거 아녜요? 당신은 뭣 때문에 아이를 깨끗이 키우려고 해요?"

정곡을 찌르는 아내 말에 무언가를 느낀 남편은, 고개를 떨구고는 아버지의 방문을 열었다.

늙은 아버지는 아들의 무정함을 잊은 채,

"회사 일이 고되지 않으냐?"

"환절기가 되었으니 감기 조심하고, 차 조심해야 한다."

라며 어린애처럼 타일렀다.

아버지의 더없는 사랑에 아들은 그만 엎드려 엉엉 울고 말았다.

독일 속담에도

"한 아버지는 열 아들을 키우나, 열 아들은 한 아버지를 봉양하기 어렵다."

자식이 배부르고 따뜻한가? 부모는 늘 묻지만, 부모가 아프고, 추운가를 자식은 우선하지 않는다. 자식의 효성이 지극해도, 부모의 사랑에는 미치지 못한다.

지금 그대는 어떤 아들딸인가요?

울지 않는 바이올린

남편 친구가 어느 날 우리 집에 놀러 왔는데, 건강하고 행복한 사람처럼 보였다.

그는 남편과 시를 읊기도 하고, 노래를 부르기도 하며 즐거워했다.

"악기도 할 줄 아세요?"

"악기요? 사실, 바이올린을 했습니다. 하지만 지금은 울지 않는 바이올린이 되었지요"

왜 그만두셨냐는 나의 질문에 대한 그의 답변이었다.

결혼 초 아내를 위해 바이올린을 연주하였는데, 아내는 그의 연주에 대한 말은 없고, 바이올린을 정말 잘하는 사람을 여러 명을 안다고 자랑했다고 했다.

그 후로 그는 20년 동안 단 한 번도 바이올린을 잡은 적이 없다고 했다.

"그런 사람 같아 보이지 않았는데?"

자기 아내의 한마디 말에 상처받고 바이올린을 그만두었다는 사연. 그래서 생각해본다.

'내 가족도 울지 않는 바이올린을 숨기고 살까?'

그리고 그의 집에서는 노래는커녕 말도 맘대로 할 수 없다고 했다.

아이들이 싫어하고, 아내는 시끄럽다고 했다. 정말 안타까웠다. 어찌하여 집에서는 아빠의 노래는 싫다고 하는지.

그뿐만이 아니다. 가족을 위해 애써 음식을 만들었는데, 고맙다는 걸 모르고, 짜다느니, 싱겁다느니, 영혼이 없다는 말 먼저 들으면 그냥 국자를 놓고 싶다. 가족에 대한 최소한의 예의는 각별한 부추김이 아닐까.

남편이 쉬는 날, 조그만 의자를 만들었는데, 우리 가족은 그 의자를 귀하게 여기며 잘 사용한다.

가족이라면 이렇게 울지 않는 바이올린도 울게 만들어 주어야 하는 게 아닌가.

침묵의 힘

어떤 부인이 정신과 의사를 찾았다.

"선생님, 더는 남편과 살지 못하겠어요. 그 사람은 너무 신경질적이고, 잔소리가 심해요."

의사는 한참 생각하다가 처방을 내렸다.

"우리 병원 옆으로 산길을 가다 보면 신비한 샘을 만날 겁니다. 샘물을 한 통 길어서 집으로 가져가세요. 남편이 귀가하면 샘물을 한 모금 머금으세요. 그런데 머금기만 해야지 절대 삼키시면 안 됩니다. 처방대로 하시면 금방 효과가 나타날 겁니다."

부인은 처방대로 샘물을 길어서 집으로 돌아갔다.

그날도 밤늦게 귀가한 남편은 평소처럼 아내에게 잔소리를 퍼붓기 시작했다.

어제만 해도 맞받아쳐 싸웠을 테지만, 그날은 처방대로 신비한 물을 입에 머금은 채 아무 대꾸도 하지 않았다.

얼마가 지나자, 남편은 잠잠해졌다.

그날 하루가 무사히 지나갔다.

그날부터 남편이 잔소리를 시작하면 부인은 어김없이 신비의 샘물을 입에 머금었다.

그렇게 얼마가 지나자, 남편의 행동이 변하기 시작했다.

먼저 신경질이 줄어들고, 아내를 함부로 대하던 행동도 몰라보게 변했다.

신비한 효과에 깜짝 놀란 부인이 의사를 찾아가 감사의 인사를 전했다.

"선생님, 너무 감사합니다. 신비한 샘물이 너무 좋더군요. 우리 남편이 완전히 달라졌어요."

의사는 빙그레 웃으며 이렇게 말했다.

"남편이 변하게 한 게 물이 아니라 부인의 침묵 덕분입니다."

말을 배우려면 2년이 걸리지만, 침묵을 배우려면 60년이 걸린다.

말할 때를 아는 사람은 침묵할 때도 안다.

행복의 시작

청춘 남녀가 동산에 올라 좋은 자리를 찾았다. 자리를 잡고 보니 좀 더 위쪽이 더 좋은 자리가 보여 그리로 옮겼다.

그런데 이번엔 오른쪽이 훨씬 더 조용해 보여 다시 그쪽으로 자리를 옮겼다. 그러나 맞은편 자리가 더 나아 보였다. 연인은 한 번만 더 자리를 옮기자고 생각하고 맞은편으로 갔다.

그런데 다시 보니 아래쪽이 더 좋은 자리로 보였다.

"한 번만 더 자리를 옮기자."

하며 아래쪽으로 옮겼다.

그런데 아래쪽에 앉은 연인은 마주 보고 쓴웃음을 지었다.

그 자리는 자신들이 맨 처음 자리를 잡았던 곳이었기 때문이었다.

스티븐슨의 작품에 나오는 이야기다.

좀 더 좋은 곳을 찾으려면 한이 없다.

행복은 현재의 자리에 만족하며 감사하는 마음에서 시작된다.

소소한 취미생활, 그 어떤 보약보다 낫다

"어떤 취미생활을 하시나요?"

그러면 열에 아홉은 독서나 여행을 꼽는다. 등산과 낚시, 테니스, 골프도 빠지지 않는다. 나 역시 그렇다. 한데, 취미란 좋아하는 운동이나 놀이, 그 이상이다. 또, 취미는 바쁜 일상에서 놓쳐버렸던 자신을 되찾는 과정이다. 해서 나에게 취미생활이란 일상에서 모자랐거나 부족했던 걸 깁고 더하여 삶의 의미를 가다듬는 시간이다. 그동안 내가 즐겼던 취미는, 힘 안 들고, 돈 안 들고, 아무 때나 시작할 만한 거리였다.

먼저, 산책하며 명상하기. 자투리 시간, 무엇을 할까 망설일 까닭이 없다. 그냥 주변을 걷는다. 걸으면 많은 게 보인다. 정한 곳 없이 슬슬 거닐면서 돌아다니는 산책이 바로 명상이다.

다음으로 등산이다. 등산은 골프나 다른 운동에 비해 번거롭지 않아서 좋다. 장비가 필요 없고, 마음만 먹으면 언제고 즐긴다. 또, 등산은 누구와도 함께하면서 오붓한 대화도 가능하다. 그뿐이랴. 산길을 걷으면 뭇 동물도 만나고, 아름다운 자연풍경을 사진으로 담는다. 새들과 풀꽃, 온갖 꽃나무도 만난다. 등산길에 사찰을 만나면 참선의 시간을 갖는다(이는 불교 신자가 아니어도 가능한 일이다). 등산하면서 나는, 사색과 명상의 매력에 푹 빠진다. 세상 그 어떤 취미보다 삶의 희열을 만끽하게 한다.

또 하나, 홀딱 반하는 취미는 책 읽기다.

나는 '책만 보는 바보'다. 요즘 책 한 권 읽는 게 쉽지 않다.

며칠 전 만난 친구가 그랬다.

"11년 만에 그제 책 한 권 끝까지 읽었다."

그는 실로 엄청난 독서 경험이었다고 얘기하면서 놀랬다. 어쩌면 우린 그만큼 책과 벽을 쌓고 산다. 독서에 대해서는 더 꼬집을 필요가 없다.

마지막으로 반려동물 돌보기다. 등산이나 독서보다 늦게 시작했다. 하지만, 근래 들어 푸들 '행자(우리 집 강아지 애칭, '행복하게 자라라')'를 만나고부터 더욱 애착을 갖게 되었다. 등산과 독서는 나 자신과의 대화를 이끄는 취미였다면 반려동물 돌보기는 생명체와 교유한다는 점에서부터 다르다.

나는, 강아지 행자를 통하여 거짓 없는 사랑을 배웠다. 애초 족보나 종자를 따지지 않았다. 큰 개는 행동도 의젓하고 성품이 온순하다. 그러나 나는 작은 개가 좋다. 귀엽고 보호 본능을 일깨우기 때문이다. 자식이 성장하고 난 뒤라 지금 행자는 마치 늦둥이 같다. 더욱이 강아지는 워낙 붙임성이 좋고 눈치가 빠르다. 웬만하게 자라면 너덧 살 정도의 지능을 가져 의사 표현과 적절한 대화 상대로도 안성맞춤이다. 또 강아지를 키우면 생각 이상으로 잔재미가 많다. 그저 때맞춰 먹이를 주고, 산책하러 나가고, 목욕을 시키면 건강하게 자란다.

지난해 나쁜 병마를 만났다. 사경을 헤매다 겨우 병실을 벗어났다. 하지만 건강을 되찾은 건 온전히 행자 덕분이었다. 거의 날마다 행자랑 두어 시간 걸었다.

반려동물을 키우면 마음이 따스해지고, 여유로워진다. 또, 사람에게 마음을 여는 일이 한결 쉬워진다. 이렇듯 소소한 취미생활은, 그 어떤 보약보다도 몸과 마음을 건강하게 하며, 삶의 활력 에너지를 뿜어낸다.

3부

나이 듦은 아름답다

나이 듦은 아름답다

 음악회에 가보면 좋은 곡은 으레 오래된 악기로 연주한다. 악기는 오래될수록 깊고 아름다운 소리를 낸다. 나이가 듦도 마찬가지다. 힘과 기량으로 연주하던 시절을 지나 삶의 고백을 연주하기까지는 많은 시간이 걸린다. 나이 든 사람의 오래된 지혜는 하루아침에 생기지 않는다. 그래서 바이올린은 오래될수록 깊고 좋은 소리를 낸다. 나이가 든다는 사실은 무언가가 내 곁을 떠난다는 게 아니라, 무언가를 더 쌓았다는 의미다. 삶의 질곡을 지나는 동안 그 안에는 수많은 이야기가 쌓인다.

 나이가 듦은 축복이다. 나이가 좀 들어야 인생의 맛을 안다. 젊었을 때는 미숙했지만, 나이 들어가며 이것저것 경험해 봐서

농익은 맛이 난다. 술은 제대로 익어야 하고, 된장도 숙성해야 향미가 깊다. 하물며 밥도 뜸이 들어야 감칠맛이 난다. 그렇듯이 인생도 늙어야 성정이 나타난다. 인생의 봄만 계속되면 얼마나 좋으랴. 하지만 노년으로 바뀌는 순간 괴롭다. 젊음에 집착하기 때문에 늙음이 고달파진다.

그러나 나이를 그대로 받아들이면 젊었을 때보다 더 좋은 변곡점을 만난다. 나이 듦은 불행이 아니라 축복이다. 나이 들어가면서 초라해지느냐, 원숙해지느냐는 육체적인 문제라기보다 마음의 탓이다.

나이가 듦은 끝없는 나 자신의 담금질이다. 꽃은 질 때가 더 아름답듯 노을도 구름에 살짝 숨었을 때 아름답다. 나이가 들면 비 내리는 날 구름을 탓하지 않는다. 우아하게 나이가 듦은, 끝없이 내 안의 샘물을 두레박으로 길어 갈라진 삶의 손마디에 물을 공급해야 한다. 내 안의 꿈틀거리는 불씨를 조용히 피워내는 불쏘시개가 되어야 한다. 아름답게 늙음은 불쑥불쑥 튀어나오는 욕망의 가지를 잘게 전정하고, 추하지 않게 주름을 보태야 한다.

나이 들어 잘 안 보임은 큰 데만 보고 살고, 귀가 잘 들리지 않음은 필요 없는 작은 소리는 듣지 말고 필요한 소리만 들으라는 다그침이다. 이가 시림은 연한 음식만 먹어 소화불량이 없게 함이며, 걸음걸이가 부자연스러움은 매사에 조심하고 멀리 가지 말라는 뜻이다. 머리가 하얗게 됨은 멀리서도 나이 먹은 사람이라는 걸 알아보게 하기 위한 배려다. 정신이 깜박임은 살아온 세월을 다 기억하지 말라는 경고요, 살아온 세월을 다 기억하면 머릿속이 복잡하니 좋은 기억만 담아놓으라는 일깨움이다.

모하비사막의 떡갈나무는 덤불처럼 1만 년 이상을 산다. 그나마 사람은 포유류 중에서 가장 오래 사는 종이니 나이 들면 선선히 마음을 비우며 대비해야 한다. 의학의 발달로 인간의 수명이 늘어나면서 인생 후반부의 삶을 어찌 살아야 하는가에 대한 고민이 깊어진다. 단순하게 얼마나 오래 사느냐보다는 얼마나 인생을 북돋우며 행복하게 사는지 그게 더 중요하다.

후회가 꿈을 대신하는 순간 늙는다. 나이 듦의 미덕은 노년기 삶의 목표요, 다른 사람과 좋은 관계 유지다. 젊음을 시기하지 말고 젊은 사람을 대접해야 한다. 또한, 젊은 세대는 나보다 바쁨을 명심해야 한다. 그러나 무엇보다도 모두가 친절하게 대해주면 늙었다는 사실을 자각해야 한다. 나이가 들면 신변의 일상용품은 늘 새롭게 바꾸어야 한다. 여행지에서 죽더라도 여행은 많이 해야 한다. 그러나 즐거운 인생을 보냈다는 표식으로 언제든 죽어도 좋다는 심리적인 결재를 미리 해두어야 한다.

자신에게 주어진 모든 삶을 긍정하고, 감사하며, 현재에 만족하고, 스스로 행복하다 자신해도 좋다.

흥미진진하고 도전적인 인생을 살았는가?

그중 최고는 언제였는가?

지금이다. 그렇다면 나이는 아무런 의미가 없다.

이쯤이면 최고의 삶을 살았다고 자신해도 좋으리라.

콩깍지 사랑의 롤러코스터

좋을 때 부부는 이 세상에 하나뿐인 인생의 동반자로 살갑다. 그러다가 좋지 않을 때는 외나무다리에서 만난 철천지원수 지간이다. 그래서 부부관계는 오르락내리락 롤러코스터 타기에 비유된다. 그 이유는 우리의 감정을 좌지우지하는 호르몬 때문이다. 해서 이 호르몬만 잘 조절하면 안정적인 부부관계를 유지하는 열쇠가 된다.

보통 에스트로겐(estrogen)과 테스토스테런(testosterone)은 여성과 남성의 대표적인 호르몬으로 잘 알려졌다. 그러나 프로게스테론이나 옥시토신, 도파민에 대해서는 잘 모르는 경우가 많다. 이들 호르몬과 신경 화합 물질은 뇌의 메신저 역할을 한다. 인간의 뇌는 부부관계뿐만 아니라 성생활, 더 나아가서는 사람이 어떻게 느끼고 생각하는지 크게 영향을 주는 기능을 맡는다. 따라서 부부관계에서 호르몬의 작용을 잘 알기만 하면 어쭙잖은 부부싸움으로 부부상담소를 찾아가는 일은 드물다.

남녀가 사랑에 빠질 때 뇌의 도파민 성분이 행복감을 도취하게 만들어 준다. 그뿐만 아니라 두려움에 반응하는 뇌의 기능을 잠시 사라지게 해준다. 이것이 흔히 말하는 '콩깍지' 현상의 원인이다. 한마디로 사랑에 빠진 사람은 뇌의 기능이 부분적으로 마비된 상태라는 뜻이다. 그러나 사랑이 시작되고 6개월이 지난 후 우리의 뇌는 도파민의 영향이 떨어지게 되어 새로운 신호를 보내기 시작한다. 이때 뇌는 도파민 대신에 옥시토신을 분비한다. 이것은 남녀가 좀 더 오랜 관계를 유지하도록 서로의 결속을 돕는데 중요한 역할을 한다.

옥시토신은 출산 때 자궁수축과 관계되기 때문에 '자궁 수축 호르몬'이라고도 불린다. 옥시토신이 분비되면 남녀가 서로 껴안고 싶은 충동이나 성욕을 느끼게 되고, 산모에게는 아기에 대한 모성 본능이 일어난다. 옥시토신은 서로에게 애정을 표현하는 긍정적 관계 패턴을 형성함으로써 상대에 대한 신뢰, 유대, 배려와 함께 해왔던 긍정적인 경험으로 나타난다.

퇴근하고 돌아오는 남편을 향해 미소로 반갑게 맞아주며, "수고했어요. 사랑해요" 따뜻한 말을 한다거나, 맛깔스러운 음식을 준비한 아내에게 고마움과 음식에 대한 칭찬을 표현하는 말은 옥시토신이 매우 풍족하게 넘치게 된 결과다. 아기와의 유대관계가 깊어지고, 육아에 모든 에너지를 쏟게 되는 일도 마찬가지다.

또한, 옥시토신 호르몬은 긍정적 말과 행동을 유발하는 사랑의 호르몬이다. 마음에 드는 이성을 발견했을 때, 뇌에서 분비되는 옥시토신 호르몬이 부부싸움을 효과적으로 줄인다는 사실이 실험을 통해 증명됐다(이 연구 결과는 '생물학적 정신의학(Biological Psychiatry)' 최신호에 발표됐으며, 미국 온라인 과학 뉴스 사이언스데일리 등이 보도).

스위스 취리히대학의 베아테 디첸 박사 팀은 부부싸움에 이 호르몬이 어떤 영향을 미치는지 실험했다. 연구팀은 20~50세 커플 47쌍에게 갈등적인 주제를 놓고 서로 논쟁을 벌이게 시켰다. 논쟁 전에 절반에게는 옥시토신 호르몬 분무 약을 코에 뿌려 줬고, 나머지 절반에게는 가짜 약을 뿌려 줬다. 논쟁 과정은 비디오로 촬영돼 판독됐다.

그 결과, 옥시토신을 흡입한 커플들은 논쟁하면서 상대방의 말을 끊고 비판하며 헐뜯는 등의 부정적인 행동이 적었다. 반면, 서로의 말을 경청하고 확인하며 때때로 미소를 띠는 등의 친교적인 몸짓의 시간은 상대적으로 더 길었다. 결국, 옥시토신의 영향 덕택에 긍정적 행동과 몸짓이 늘어나면서 어차피 '칼로 물 베기'인 부부싸움이 더욱 빨리 흐지부지 끝났다.

연구진은 논쟁 시간 중 수시로 실험 참여자의 침을 채취해 스트레스 호르몬인 코티솔 수치를 측정했다. 그런데, 옥시토신을 맞은 그룹에서는 코티솔 수치도 확실히 낮았다. 디첸 박사는 "신경학적 작용으로 옥시토신이 커플의 행동과 스트레스 반응에 영향을 미치는 사실을 확인했다"라며 "옥시토신은 관계를 더욱 친밀하게 만들어 주며 건강에 긍정적 영향을 미친다."라고 말했다.

그런데 옥시토신은 의약품이기 때문에 처방 없이는 구매할 수 없다. 가톨릭 의대 서울성모병원 김경수 교수는 "체내에서 분비되는 신경전달물질인 만큼 자연스러운 방법으로 옥시토신 생성을 늘린다."라고 조언했다.

옥시토신을 늘리는 방법으로는 마사지를 받거나, 개 머리 토닥거려 주기, 친구와 식사하기 등이 추천된다. 또는 요가, 복식호흡처럼 몸을 움직임으로써 마음을 조절하는 '감각 운동'을 해도 분비를 촉진한다.

부부싸움이 일어날 조짐이면 복식호흡을 한다거나, 아니면 잠시 자리를 피해 애완견과의 다정한 시간을 가짐으로써 옥시토신 분비를 활성화하고, 그래서 자극적인 말을 덜 하고 자연스러운 미소를 건넴으로써 부부싸움을 방지한다니 시도해볼 만하다.

어느 날 50대 중년 부부가 법무사를 찾아왔다. 두 사람은 30여 년을 함께 살아온 부부였는데 이혼하려고 왔다. 그런데 이혼하려는 사유가 정작 현재 일어난 일 때문에 싸웠는데, 지금의 사안은 내팽개쳐놓고 지나온 과거를 들먹이며 계속 발목을 잡으며 부부가 논쟁을 벌이는데 끝이 보이지 않았다. 이미 지나온 과거는 지금의 논쟁에 아무런 도움이 되지 않는다. 중재 역할이 따로 없다. 부부가 지금 싸우는 논쟁의 사안만 풀면 이혼을 하지 않아도 된다. 남편의 이야기, 아내의 이야기를 다 들어보면 논쟁의 극단을 객관적으로 짚어서 해결방안이 나온다.

옥시토신의 효능을 무작정 믿을 게 못 된다. 화가 나면 자연 언성이 높아지고, 상대방이 듣기 싫어하는 말을 하게 되고, 욕지거리하고, 마침내 물리력을 행사하고 나면 못 산다고 동네방네 애고 팬다. 상대방의 자존심을 건드렸으니까 막장을 뜬다.

부부싸움을 할 때는 반드시 지금의 논쟁만 하고 싸워야 한다. 만약 그렇지 못하고 해묵은 감정을 현재의 싸움에 섞으면 작은 싸움이 큰 싸움이 되어 결국 평생 서로에게 상처는 흔적을 남겨야 한다.

칼로 물 베기

깨소금 볶듯 사는 부부일수록 곧잘 다툰다. 그렇지만 부부싸움은 정말 낯부끄러운 얼루기이다. 부부간 다툼은 본데없는 말 한마디로 시작된다. 근데도 서로에게 너무나 큰 상처를 준다.
"네가 나한테 해준 게 뭐냐?"
"그래, 홀릴 때는 간도 다 빼 줄 기세더니 고작 이거냐?"
"왜 거짓말을 해! 왜 사람을 못 살게 굴어!"
"난 이때까지 한다고 했다. 근데 이게 뭐야!"
"마음이 없는 거야. 싫증이 난 거야. 왜 나를 무시하고 외면해!"
"자식한테 부끄럽지 않아. 당신 가장으로서 책임을 못 느껴?"
"이제는 못 참아, 이혼해!"

흔히 부부싸움 뒤끝에 내뱉어지는 푸념들, 모진 말이다. 게다가 입에 담지 못할 흰소리도 끼어든다. 어느 부부인들 싸우지 않으랴. 지치도록 싸운다. 그래야 정이 든다고 사뭇 위로하면서까지. 결국에는 자식 앞에 보이지 않아야 할 언행까지 죄다 들춰낸다. 그런 모습을 되풀이하다 보니 아이와 사이도 소원해져서 그냥 데면데면하게 지낸다. 화가 나면 무슨 짓을 못 하냐 하겠지만, 정녕 부부싸움만큼은 억눌려야 한다. 부부싸움의 결과는 평생 씻지 못할 감정의 응어리로 남기 때문이다.

말은 한 사람의 됨됨이를 담아내는 질박한 그릇이다. 아무리 많이 배웠다고, 수천 권의 책을 읽었다 해도 입말이 더러운 사람은 빛나지 않는다. 흔히 부부싸움은 칼로 물 베기라 하지만, 정작 기를 쓰고 티격태격 싸우는 부부는 분명 서로에게 공대말을 놓친다. 어디 한 손바닥으로 손뼉이 쳐지나? 똑같은 감정의 칼날을 품었기에 싸운다.

부부싸움의 뒤끝은 항상 잔인한 말로 서로가 처참하게 몰아간다. 더군다나 서로 못 잡아먹어서 말끝마다 증오의 씨를 뿌린다. 그러니 서로 하는 짓이 좋아 보이지 않는다. 어처구니없게도 부부싸움이 잦은 부부일수록 바깥에 나가서는 모두에게 좋은 사람으로 인정받는다. 남한테 공대하는 일 절반만 가정에서 하면 부부 싸움거리는 만들지 않는다.

서로를 향해 삿대질해가면서 분노의 섬을 만든다. 그래봤자 그것으로 혼자만의 안식처가 되지 못한다. 분노의 감정이 쌓이면 그만큼 부부의 삶을 잔혹하게 파괴한다. 살면서 싸우지 않고 사는 부부 없다. 어쩌면 부부는 지난 세상에서 철천지원수였거나 빚쟁이로 만났던 사람이다. 그러지 않고서는 서로를 못살게 굴고 함부로 대할 까닭이 없다. 정녕 입으로는 사랑한다고 말하면서도 앙갚음을 한다.

따뜻한 말 한마디가 부부의 길을 평평하게 하고, 조곤조곤한 말 한마디가 가들막하게 한다. 그런데도 자질구레한 말 한마디로 사랑의 불을 끈다면 행복한 부부의 삶과는 거리가 먼 이야기다. 분노의 눈으로, 서로를 증오하는 부부한테는 때에 맞는 말 한마디가 떠오르지 않는다. 좋은 말문이 닫혔기 때문이다. 그러니 늘 긴장의 연속이다. 축복의 말 한마디는 거저 얻어지지 않는다. 그것은 서로에게 향했던 날카로운 감정의 날이 닳고 닳아서 조약돌처럼 숭굴숭굴하게 뭉개졌을 때만 가능하다.

사오정과 오륙도

언제부턴가 서른여덟 나이면 더는 고용하지 않는 분야가 늘었다. 명예퇴직, 권고 퇴직, 조기퇴직, 삼팔선, 사오정…. 그만큼 퇴출 바람이 거칠다. 이런 분위기는 기업주 입장에서 서른여덟 마흔다섯 살을 넘긴 사람에게는 업무 능력의 향상도, 업무상의 책임감은 물론, 업무 수행에 필요한 열정이나 유연성, 그 밖의 가치를 기대할 수 없다는 연유 때문이다.

이에 비해, 이제 막 채용을 기다리는 젊은 인재는 어떤가? 나이 많은 사람보다 훨씬 낮은 보수를 받으면서도 일은 똑같이 하고, 혹은 더 잘할 준비가 되었다. 그런 생각하는 게 지배적이다. 정도의 차이겠지만, 사십 대 이후의 일자리에 어두운 그림자가 드리워졌다.

그런데도 일에 열정을 갖는 사람은 자기의 가능성을 함부로 내팽개치지 않는다. 그는, 고용상황이 척박한 동토일망정 절망감에 빠지거나 위기의식에 사로잡히지 않는다. 그는 모든 일에 확신한다. 그렇기에 자신의 잠재력을 믿는다. 그렇기에 그는 삶을 방임하지 않는다.

작은 행동의 변화가 삶을 변화시킨다. 자기 생활에 만족한 사람은 삶에 대한 강한 의지를 갖는다. 삶에 대한 통찰력과 자기반성을 부단하게 일깨우고, 누구보다 자신의 현재의 삶을 사랑하고, 타인에 대한 책임을 회피하지 않는다. 특히, 상대방의 결점보다는 잠재력에 더 큰 관심을 가지고 우호적이다. 삶에 대한 다양한 단면을 꼼꼼하게 성찰한다. 그래서 항상 무언가를 새롭게 시작하고, 끊임없이 도전한다. 진지하면서도 유머를 잃지 않는다. 그런 바탕이라면 어떤 일을 좀 더 즐겁게 하고, 삶의 윤곽을 보다 확실하게 긋는다.

사오정은 이제 인생의 마라톤에서 막 반환점에 선 나이다. 그래서 스스로 삶을 진지하게 새로운 목표를 다시 추켜세울 때다. 단지 현재 상황을 고통스러워할 게 아니라, 너그러운 마음으로, 더 관용적인 자세를 보일 때다.

기성세대로서 도전하는 삶은 아름답다. 나이 들어감에 따라 몹쓸 존재로 대접한다고 해서 쓸쓸하게 생각할 까닭이 없다. 중요한 건 이제부터 시작이니까! 어떤 일을 실행하는 과정은 다 다르다. 이랬다저랬다 하는 사람, 겉만 번지르르하게 내세우는 사람, 오직 결과만을 따지는 사람이 다반사다. 하고자 하는 의욕만 강하고 실행 계획이 없는 사람은 사소한 문제 사태를 이겨내지 못하고 쉬 주저앉아 버린다.

단지 나잇살 땜에 사오정 오륙도가 되는 게 아니다. 자기 강단이 물러섰기 때문에 그런 대접을 받는다.

세상, 미덥게 살아야

꼭두새벽 인터넷 서핑을 하다가 참 훈훈한 글을 만났다. 가슴이 찡했다. 부부가 이처럼 이해하고 배려한다면 그 무엇이 부러울까? 시시콜콜한 일까지 다 종잡아 사는 부부와는 확연히 다른 삶이다.

출근길에 생겼던 일이다.

옆 차가 바짝 붙어 지나가면서 내 차 문짝을 찍 긁어 놓았다.

나는 즉시 차를 멈추었다.

상대편 차를 운전하던 젊은 부인이 허겁지겁 내리더니 내게 다가왔다.

많이 놀랐는지 얼굴빛이 사색이 되었다.

"미안합니다. 제가 아직 운전에 서툴러서요. 변상해 드릴게요."

그녀는 선뜻 자기 잘못을 인정하였다.

하지만 자기 차 앞바퀴가 찌그러진 사실을 알고 눈물을 흘리기 시작했다.

이틀 전에 산 새 차를 이렇게 찌그러뜨려 놓았으니 남편 볼 면목이 없다며 계속 눈물을 뚝뚝 흘렸다.

나도 그녀가 참 안 됐다는 생각이 들었다.

아무튼, 사고 보고서에는 운전면허증과 보험 관계 서류 등에 관한 내용을 함께 기록해야 했다. 그래서 그녀는 필요한 서류가 담긴 봉투를 꺼내려고 운전석 옆의 사물함을 열었다. 그리고는 봉투 속에서 서류들을 꺼냈다.

"이건 남편이 만약의 경우를 위해서 필요한 서류들을 담아둔 봉투예요."

그녀는 또 한 번 울먹였다.

그런데 그 서류를 꺼냈을 때 제일 앞장에 굵은 펜으로 다음과 같은 커다란 글씨가 적힌 게 아닌가.

"여보, 만약 사고를 냈을 경우 꼭 기억해요. 내가 가장 사랑하고 걱정하는 건 자동차가 아니라 바로 당신이라는 사실을."

그녀의 남편이 쓴 쪽지였다. 내가 그녀를 다시 쳐다보았을 때, 그녀의 눈에는 눈물이 가득 고였다. 남편의 무한한 사랑이 흠뻑 느껴지는 쪽지였다.

부부는 이런 맛에 사는 거다.

밤새 작달비가 세차게 내렸는데 하늘 말갛게 개었다. 그런 까닭에 오늘 아침 기분이 상쾌했다. 오가는 차도 유난히 처연하게 나아간다. 새벽에 일어나 인터넷 서핑을 하고, 글도 두 쪽지나 썼다. 그러고도 시간이 남아 희붐해질 때까지 책을 잡았다.

책장을 넘기다 말고 상념에 젖는다. 한동안 찜찜했던 기분을 다 접어두고 좀 더 느긋하게 마음 추슬렀다. 우선 나한테 너그러워져야겠다. 자신을 비하하고서는 남을 존중할 수 없다.

세상 좀 더 미덥게 살아야겠다.

어느새 창밖으로 내다보이는 하늘 눈이 시리도록 짙푸르다. 한 점 구름 없는 하늘빛이 참 맑다.

신선한 삶의 기술

"돈가스 드실 시간입니다!"
 사무실 문이 열리며 음식 배달부의 경쾌한 목소리가 들렸다.
 근처 식당에 점심 메뉴로 돈가스를 주문한 지 한참이 지났을 때였다.
 왜 이리 늦었느냐고 타박을 줄 작정이었는데, 아저씨의 재치가 담뿍 담긴 말에 불만이 그만 쏙 들어가 버렸다.
 슬쩍 올라가는 입꼬리에 웃음을 머금고 순순히 음식값을 치렀다.
 왜 이리 늦느냐는 배달 독촉에 이력이 난 아저씨는 사람 마음을 움직이는 법을 진즉에 터득하신 모양이다.

한가한 오후 나절의 지하철 안이었다.

가방 한가득 칫솔 세트를 담은 행상꾼이 통로 중앙에 섰다.

무심한 승객들은 눈길조차 주지 않는데도 창 칫솔 광고에 매진하던 아저씨가 슬쩍 개그를 섞었다.

"아, 깨끗이 닦이느냐, 그렇지 않습니다. 철수 운동화, 연희팬티도 이걸로 문지르면 감쪽같이 하얘져요!"

여전히 신문에서 머리를 들지 않고, 승객들 얼굴에 설핏한 웃음이 번졌다.

좀 전까지 사겠다는 마음이 전혀 없어 보이던 아주머니 한 분이 지갑을 열어 천 원을 꺼냈다.

어느 날은 택시를 탔는데, 도로 한복판에서 우물쭈물 기어가는 차 뒤에 이런 팻말이 붙었다.

'늙은 부모의 철없는 막내딸이자 한 남자의 애물단지 아내, 두 아이를 둔 억척 엄마 되는 사람이 안간힘을 씁니다! 내 가족이라 생각하시어 너른 아량 바랍니다.'

"아이고, 참 길기도 길다."

그러면서 기사 아저씨는 경적을 울리려던 손을 멈칫했다.

구구절절 역지사지의 인정을 호소하는 문구가 갈 길 바쁜 기사분의 마음에 와닿았나 보다.

같은 말도 참 예쁘게 하고, 재밌게 하는 사람들이다.

와락 내지르던 화도 웃음으로 바꾸고, 지갑을 열어 계획에 없던 지출을 하게 만드는 사람, 주변에 삶의 활력을 불어넣는 숨은 재주꾼들이요. 한 수 배우고 싶은 신선한 삶의 기술이다.

말 잘하는 비결

우리가 가장 듣고 싶어 하는 말은 무엇일까?

'사랑해요', '아름다워요', '고마워요'라는 말이다. 하지만 실상은 다르다. 한 헤드헌터 조사에 의하면 '잘했다'라는 말이었다. 그런데 놀랍게도 조사 결과는, 지난 1년 동안 '그 말을 한 번도 들어본 적이 없었다.'라는 사람이 90%를 넘었다고 한다.

'잘했다'라는 말은 누군가로부터 '인정'을 받는 치사다. 또한, 자신이 바라는 모습을 상대방이 표현해주는 따뜻함이다. 그래서 '인정'의 힘은 삶의 활력소가 된다. 그것은 영양소는 아니면서도 몸 전체 생리작용을 하는 비타민 같은 존재다.

어떤 일을 추진하여 그 결과를 인정받으면 내면화 과정을 통해 그 이미지를 유지하려고 노력한다. 이러한 태도는 아이들에게 확연해진다. 아이는 어른의 따뜻한 보살핌으로 안정감을 느낀다. 그래서 아이는 인정받고, 칭찬받기를 원한다. 그것도 눈높이에서 이해해주는 사랑이다.

근데 우리는 상대방을 얼마나 인정하는 걸까? 대답이 쉽지 않다. 여러 사람이 모인 자리에서 자기 말만 내세우는 사람이 많다. 사실 제아무리 말을 잘하는 사람이라 해도 똑같은 말을 되풀이하면 수면제가 된다. 유려한 말솜씨를 가진 사람의 이야기라도 나를 향해서가 아니라, 자기를 향해 말한다고 느끼는 순간 지겨워진다.

말은 듣는 사람의 처지를 생각해야 한다. 때와 장소를 가리지 않고, 했던 말 하고 또 하는 사람을 만나면 괴롭다. 말을 잘하고, 많이 하는 게 중요하지 않다. 제대로 전달하는 게 중요하다. 상대방이 내 말을 어떻게 받아들일까. 말을 할 때는 가능한 부정어를 지양하고 긍정어로 말맛을 우려내야 한다. 그 누구도 자신의 입술이 졸음을 부르는 수면제가 되기를 원하지 않는다.

화술의 비결은 딴 게 아니다. 단 하나 듣는 사람의 처지를 생각해서 배려하는 말이다. 말씨가 따스운 사람은 낯빛도 온화하다.

지고지순한 사랑 이야기

　만년설로 뒤덮인 히말라야 깊은 산간 마을. 어느 날 낯선 프랑스 아가씨가 찾아왔다.
　그녀는 다음날부터 마을에 머물며 매일같이 강가에 나가 누군가를 하염없이 기다렸다.
　그렇게 날이 가고, 한 해가 가고, 몇십 년이 훌쩍 지났다.
　고왔던 그녀의 얼굴에 어느덧 주름살이 하나둘 늘었다.
　까맣던 머리칼도 세월 속에 묻혀 하얗게 세었다.
　그러나 그녀의 기다림은 한결같았다
　그러던 어느 봄날, 이젠 머리가 하얗게 센 할머니가 되어 강가에 앉은 그녀 앞으로 저 멀리 상류로부터 무언가 둥둥 떠내려왔다. 그것은 다름 아닌 한 청년의 시체였다.

바로 그녀가 일생을 바쳐 기다리던 약혼자이었다.

그 청년은 히말라야 등반을 떠났다가 행방불명된 그녀의 약혼자였다.

그녀는 어느 날엔가는 꼭 눈 속에 묻힌 자신의 약혼자가 조금씩 녹아 흐르는 물줄기를 따라 떠내려오리라는 걸 믿고 그 산골 마을 강가를 떠나지 못하고 오래도록 기다려 왔다.

이젠 할머니가 되어버린 그녀는 몇십 년 전 히말라야로 떠날 때 청년의 모습 그대로인 약혼자를 끌어 않고 한없이 입을 맞추며 울었다.

평생을 바쳐 이룩한 가슴 저미도록 슬픈 사랑, 이젠 그곳에서는 그녀를 만날 수 없다.

그렇게 쉽사리 잊히지 않는 이야기가 오늘도 산 사람들의 입을 통해 전해 내려온다.

뭐든지 쉽게 이루어지길 바라고, 가볍게 단념해버리는 오늘의 젊은이에게 이 슬프고도 아름다운 사랑 이야기를 전해주고 싶다.

지금 사랑하라

어느 가족이 아버지 생일을 하루 앞두고 축하 준비에 바빴다. 아내는 남편이 좋아하는 음식을 장만하고, 큰아들은 집 안 청소를 도맡았고, 딸은 식탁을 멋지게 꾸몄다. 또, 작은아들은 정성을 다해 축하 카드를 만들기로 했다.

생일날 아침, 아버지가 출근하고 난 뒤 엄마와 아이들은 분주히 움직였다. 그런데 뜻밖에도 아버지는 점심때 돌아왔다. 그런데 아무도 반기지 않았다. 부엌에 가서 아내에게 물 좀 달라고 했다.

음식 준비에 바쁜 아내는,

"여보, 지금 바쁘니까 직접 떠드실래요?"

거실에서 청소하던 큰아들에게 말을 붙였다.

"아빠 실내화 좀 갖다주렴?"

그러나 큰아들은,

"저 지금 바쁜데 아빠가 갖다 신으세요."

그는 할 수 없이 그렇게 했다.

마지못해 식탁을 장식하는 딸에게 말했다.

"의사에게 전화 좀 해서 아빠가 평소에 먹던 약을 처방해달라고 해주렴."

"저, 지금 바쁘니까 아빠가 직접 하세요."

그는 힘없이 그러라고 하고는 2층 침실로 올라갔다.

작은아들은 자기 방에서 무언가를 열심히 만드는 중이었다.

"뭐하니?"

"별거 아니에요. 근데 아빠, 저 혼자 만들고 싶으니까 문 닫고 나가 주실래요?"

그는 침대에 가서 누웠다.

마침내 생일파티 준비가 다 되었다. 큰아들이 침실로 가서 아빠를 깨웠다. 그러나 아빠는 이미 이 세상 사람이 아니었다.

사랑할 시간은 기다려주지 않는다.

지금 사랑하라.

용서와 은혜

두 친구가 사막을 걸었다. 그러다 오해가 생겨 심하게 다투었다.

한 사람이 친구의 뺨을 때렸다. 뺨을 맞은 사람은 기분이 나빴다. 그렇지만, 아무 말을 하지 않았다. 그는 모래에 이렇게 적었다.

"오늘 친구가 나의 뺨을 때렸다."

둘은 오아시스가 나올 때까지 말없이 걸었다. 마침내 오아시스에 도착한 그들은 그곳에서 목욕하기로 했다.

뺨을 맞았던 사람이 목욕하러 들어가다 늪에 빠졌다. 그런데, 뺨을 때렸던 친구가 그를 구해주었다.

늪에서 빠져나왔을 때 이번에는 돌에 이렇게 썼다.

"오늘 친구가 나의 생명을 구해주었다."

그를 때렸고, 또한 구해 준 친구가 의아해서 물었다.

"내가 너를 때렸을 때는 모래에다가 적었는데, 너를 구해준 후에는 돌에다가 적었지?"

친구가 대답했다.

"누군가가 우리를 괴롭혔을 때 우리는 모래에 그 사실을 적어야 해. 용서의 바람이 불어와 그것을 지워버리도록. 그러나 누군가가 우리에게 좋은 일을 하였을 때 우리는 그 사실을 돌에 기록해야 해. 그래야 바람이 불어와도 영원히 지워지지 않을 테니까."

원수는 물에 새기고, 은혜는 돌에 새기라. 가만 생각해보면 맞는 말인데, 돌아보면 우리는 그것을 거꾸로 할 때가 많다. 잊어서는 안 될 소중한 은혜는 물에 새겨 금방 잊어버리고, 마음에서 버려야 할 원수는 돌에 새겨 두고두고 기억한다.

은혜를 마음에 새기면 고마움이 남아 누구를 만나도 무슨 일을 만나도 즐겁기 마련이다. 하지만 마음에 원수를 새기고 나면 그것은 괴로움이 되어 마음속에 쓴 뿌리를 깊이 내리게 된다.

우리의 마음은 하나여서 은혜를 새기든 원수를 새기든 둘 중의 하나다. 한 번 내 마음을 겸허하게 돌아보라. 지금 내 마음속에 새겨진 게 무엇인지를. 내 마음 가득히 원수를 새기고, 쓴 뿌리를 키우는 게 아닌지를.

노년의 멋

보통 멋이라면 젊은이의 전유물로만 생각하기 쉽다. 그런데 흰머리가 희끗희끗한 노년의 남성이 버스나 지하철 등에서 임산부나 병약자에게 서슴없이 자리를 양보한다.

요즘 젊은이에게서 쉽사리 보지 못하던 멋이다. 마치 무엇으로도 살 수 없는 값진 보석을 감상하는 느낌이라고나 할까. 아마 그 광경을 본 사람이라면 노년의 멋이 무엇인지 충분히 안다.

그러나 대부분의 노년 남성은 그렇지 못하다. 나이가 들어가면서 이미 지나간 젊음을 아쉬워하기만 했지, 찾아오는 노년에 대하여 멋스럽게 맞이할 생각을 하지 않는다.

이는 남자들이 노년을 지나면서 점차 멋을 잃어가기 때문이다. 대다수 남성은 노년이 되면서 부와 여유도 함께 가져야 하는 게 당연한 일이다. 이는 또한 많은 남성의 꿈이기도 하다.

하지만 노년의 멋이란 게 꼭 고급 승용차를 타거나 고급 의상을 걸치고, 비싼 음식점을 출입하는 데서 나오는 게 아니다. 노년의 멋이란 외모에서 풍기는 멋보다 정신적인 면까지 함께 조화를 이룰 때 아름답다.

길거리에서 시각장애인이 길을 잘 못 찾아 헤맬 때, 따뜻한 손길을 내밀 줄 아는 사람, 도심에서 벗어난 한적한 들길을 걸으며, 작은 꽃송이 하나에도 즐거워할 줄 아는 마음의 여유를 가질 때, 노년의 멋스러움은 젊은이의 기대 이상으로 귀중한 사회의 받침들이 된다.

그런 노년의 멋을 가지려면 건강이 첫째이다. 몸이 피곤하거나 아픈 데가 많으면 만사가 귀찮아져서 생동적인 생각도, 자신을 되돌아보는 여유를 가질 수가 없다. 따라서 여유를 가지려면 그에 못지않게 건강을 지켜야 한다.

마음과 정신, 그리고 육체가 건강해야 비로소 외모에 신경을 쓸 여력이 생긴다. 외모에 멋을 부리게 되면 남성 호르몬의 분비가 왕성해져서 노화 방지에 도움을 준다.

적당한 스트레스가 오히려 긴장감을 느끼게 해 생활의 활력소가 된다. 적절한 대인관계의 긴장감은 남성 호르몬의 분비를 촉진해 노화 방지에 도움이 된다.

그러니 노년에 이를수록 주저 말고 멋을 부려야 한다. 단언컨대 멋진 노년은 아름답다.

오래 살려면

　세계 백세클럽 가입자들이 말하는 장수의 비결은 그렇게 특이한 게 아니다. 그 비법은 긍정적으로 많이 사랑하고, 욕심을 적게 갖는 생각 하나였다. 누구나 쉽게 실천하는 지극히 평범한 일이었다. 무엇보다 적게 먹고, 많이 움직여야 한다는 게 장수 비결이다.

　무병장수는 결코 거부할 수 없는 욕망이다. 장수의 비결이 적게 먹고, 욕심을 덜 갖는다는데, 오히려 날마다 쏟아져 나오는 가공식품에 쉽게 먹혀든다. 날마다 과식을 하는 일도 모자라 포식까지 한다. 급기야 웰빙을 테마로 하는 삶의 방식에 매달린다.

　오래 살겠다는 게 욕심은 아니다. 더 나은 물건을 소유하고, 편안한 생활을 찾는 자체는 인간 본능이다. 단지 더 많이 가지기 위해 탐욕스러운 생활에서 벗어나지 못하는 게 문제다. 지위나 명예를 더 높이려고 바둥대는 일도 마찬가지다.

인생길이 너무 쉬우면 진정한 성숙을 이룰 기회가 그만큼 줄어든다. 인생은 전투라기보다는 춤에 가깝다. 그런 까닭에 사소한 데 목숨을 걸 일이 아니다. 좋게 생각하고, 욕심을 덜 가져야 한다. 삶과 죽음을 얘기하며, 사랑과 실의를 받아들이고 한다. 그래야 더 사랑하고, 더 겸손하며, 더 참고 견디는 힘이 생겨난다.

오래 사는 에너지는 자기모순을 다 포용할 때 가능하다. 너그러운 삶의 흐름에 모든 삶의 뿌리를 두어야 한다. 사랑하는 일도 마찬가지다. 사랑한다는 집착 때문에 사는 일이 즐겁기는커녕 되레 답답해진다. 다 다른 생각으로 사는 만큼 오직 자기한테만 잘해주기를 고집 자체가 한 사람의 인생을 옭아맨다. 단지 자기 혼자만의 행복을 추구하려는 욕망은 올바른 사랑이 아니다. 그런 사랑이라면 차라리 아니함만 못하다.

사랑하려면 자기만의 섬을 만들지 않아야 한다. 사람이 사람을 좋아하고, 사랑하는 일은 세상의 그 어떤 일보다 아름답다. 누군가를 진정으로 사랑하면 자신의 모습이 달라진다. 감당하기 어려울 만큼 에너지가 생겨난다. 삶의 의욕이 넘친다. 세상이 아름답게 보이고, 마음이 넓어진다. 사물을 관조하는 안목이 부드러워진다. 모든 게 감사하고, 베풂이 커지며, 너그러워진다.

사소한 일에 목숨 걸지 말라고 했다. 그렇지만, 살면서 늘 조그만 일, 하찮은 데 빠져들어 마음 졸인다. 마음을 비우고, 조금 덜 가지면, 잊고 지냈던 일들이 저절로 채워지는데, 자꾸만 하찮은 일에 집착한다. 너른 그릇으로 사는 게 어렵다.

오래 살려면 스스로 만족하는 법부터 배워야 한다. 많을수록 좋다는 허황함을 버려야 한다. 대신 현재 자신이 가진 물량만으로도 행복한 길을 찾아야 한다. 더불어 사는데 감사할 줄 알아야 한다.

진정한 행복은 자신의 문제를 바르게 보고, 삶의 모순을 이해하고, 받아들임으로써 가능해진다. 결국, 장수의 비결은 덜 성급하고, 덜 미워하고, 덜 욕심내며, 덜 망각하는 일이다. 남의 거울만 보고 강박관념에 쫓겨 살기보다 느긋하게 살아야 한다. 자신의 거울을 바라보고, 자신의 인생 목표와 상충하지 않는 여유가 비책이다.

어느 할머니의 수줍은 고백

어느 날, 캐나다 앨버타주에 큰 홍수가 발생했다.

가옥이 물에 잠기고, 그곳에 살던 주민들은 어찌할 줄을 몰랐다. 다행스럽게도 신고를 받은 소방관들이 서둘러 출동을 했고, 수많은 사람을 구조해 안전한 곳으로 이동하도록 도왔다.

션 위브(Shawn Wiebe) 소방관도 피해 현장에 출동했는데, 그는 마지막 순간에 할머니를 구조해 안전한 곳으로 대피시켰다.

그런데 그 할머니는 고령인 데다 다리가 불편해 제대로 걸을 수조차 없었다. 그래서 션 위브는 그 할머니를 직접 안고 피해 현장을 벗어났다. 지칠 대로 지친 상황이었지만, 할머니를 안고 나오는 그의 얼굴에는 온화한 미소가 가득 담겼다.

그때 소방관의 품에 안긴 할머니가 그의 마음을 설레게 했다.

"이렇게 멋진 남자의 품에 안긴 건 결혼식 이후 처음 일이야. 정말 너무도 기쁘네!"

할머니로부터 뜻밖의 고백을 전해 들은 소방관은 기분이 좋아져 호탕하게 웃었다.

할머니의 고백에 힘이 났던 그는,

"여전히 아름다운 할머니를 품에 안은 저도 영광입니다."

주위에서 구조 상황을 지켜보며 마음을 졸이던 사람 모두 이들을 바라보며 몹시 흐뭇해했다.

따뜻한 말 한마디의 힘이란 이처럼 대단하다. 할머니의 말 한마디가 지치고 힘들었던 소방관의 마음에 힘을 더했고, 소방관의 말 한마디가 몸도 마음도 지친 할머니의 마음을 설레게 했다.

진심 어린 말 한마디가 누군가에게는 진정한 용기와 힘을 전하며, 무심코 던진 말 한마디가 누군가에게는 가시보다 아픈 마음의 상처를 남긴다. 오늘, 당신의 말에는 힘과 용기가 배어났는가, 아니면 날카로운 가시가 숨었는가?

아름다운 얼굴 주름살

눈물 없는 눈에는 무지개가 뜨지 않는다.
참으로 의미심장한 이야기다.
이탈리아 영화배우 안나 마니냐가 노년에 사진을 찍었다.
사진을 찍기 전에 그녀는 걱정스러운 얼굴로 사진사에게 조용히 부탁했다.
"사진사 양반, 절대 내 주름살을 수정하지 마세요."
사진사가 그 이유를 묻자, 안나 마니냐가 이렇게 대답했다.
"얼굴 주름살을 데 평생이 걸렸거든요."
나는 그녀의 이야기를 듣고, 그녀의 삶을 떠올렸다.
꿈을 이룬 사람은 모두 자신의 나이를 숨기지 않았다. 주름이든, 상처든, 흰머리든, 그 모두 자신이 치열하게 꿈꿔온 기록이기 때문이다. 이는 꿈을 가진 사람만 이해되는 이야기다.

　꿈을 가지지 않는 사람의 인생은 운동하지 않는 운동선수와 같다.

　아주 간절한 마음으로 생활해야 한다. 꿈은 명사가 아니라, 인생을 움직이는 동사다.

　비가 오지 않는 곳에는 무지개가 뜨지 않는다. 내 삶에 왜 무지개가 뜨지 않는지 불평하지 마라. 무지개를 얻기 위해선 먼저 비를 맞고 견디는 매우 어려운 시간이 필요하다. 눈물이 없는 눈에는 결코 무지개가 뜨지 않는다.

　심장이 멈춰도 꿈만 멈추지 않는다면, 쓰러져도 쓰러진 게 아니다.

　다시 기억하라. 얼굴 주름을 얻는데, 평생이 걸린다.

엉뚱한 메뉴가 나오는 식당

라면을 시켰는데 우동이 나왔다. 그리고 햄버거를 시켰는데 만두가 나왔다. 이럴 때 문득 주문을 잘못 넣었는지 한번은 의심하게 되는데, 나오는 음식마다 매번 다른 음식이 나오게 된다면 과연 어떻게 될까?

일본 이야기다. 이 식당 이름은 '주문 실수가 넘치는 식당'이다. 장사할 마음이 없는 걸까? 그런데 항상 손님이 북적북적한 인기 좋은 맛집이다. 엉뚱한 메뉴를 가져다줘도 화내는 손님은 한 명도 없다. 바로 이 식당에서는 특별한 이해와 배려가 넘치는 음식을 먹기 때문이다.

이 식당이 특별한 이유는 다름 아닌 아르바이트생들 때문인데, 이곳의 아르바이트생들은 모두 치매에 걸린 할머니다. 때로는 직전에 받은 주문을 잊어버리기도 하고, 주문과는 다른 메뉴를 가져다주는 실수를 범하기도 한다. 하지만 할머니들은 최선을 다해 일한다. 실수해도 웃음을 잃지 않고 적극적으로 노력한다.

많은 자원봉사자와 더불어 운영되는 이 식당은 치매 환자가 사회구성원이 일부분이라는 소속감을 주고, 함께하는 공동체 의식을 불어 넣어준다.

이 식당이 성공 비결은 바로 '이해와 배려'이다. 그리고 어떤 손님도 화를 내거나 얼굴을 찡그리지 않는다. 손님은 모두 잘 알기 때문이다. 조금 실수하고, 조금 느리고, 조금 서툴러도 괜찮다.

이분들은 다른 누구의 가족이 아니라, 어린 시절, 우리의 모든 실수를 보듬고 길러주신 우리의 '어머니'이다.

엄마와 도시락

참 오래된 이야기다.

척추 장애 부부. 두 사람은 진심으로 사랑했고, 여느 부부처럼 아이를 가졌다.

하지만 아이를 품은 열 달을 불안함으로 보냈다.

혹시나 자신들의 장애가 아이에게 유전되지 않을까 걱정스러웠기 때문이었다.

그러나 하늘은 부부에게 누구보다 건강한 아기를 보내주었다.

엄마는 세상에 감사하는 마음으로, 아이를 지극정성으로 키웠고, 아이 또한 건강하게 잘 자랐다.

어느덧 시간이 흘러 아이가 초등학교에 입학하게 되었다.

엄마는 다시 걱정하기 시작했다.

한 살 두 살, 아이가 철이 들어가면서 몸이 불편한 부모를 창피해할까 봐, 그런 아이의 마음이 당연하다고 생각한 엄마는 아이에게 상처가 될까, 초등학교에 입학한 후부터 단 한 번도 학교에 찾아가지 않았다.

그러던 어느 날, 아이가 도시락을 놓고 학교에 갔다.

엄마는 고민에 빠졌다. 도시락을 갖다주면 아이가 창피할 테고, 그렇다고 갖다주지 않으면, 점심을 거르게 되는데, 그것 또한 마음 아픈 일이었다.

고민 끝에 엄마는 몰래 갖다주기로 마음먹었다.

그마저도 쉬는 시간에 찾아가면 아이들이 볼까 봐, 수업 시간 중에 학교로 찾아갔다.

난생처음 보는 아이의 학교였다.

복받치는 마음을 억누르고 누가 볼까 조심스레 학교 안으로 들어서려는데, 교문 앞에 웬 아이들이 모여 즐겁게 놀이를 하는 중이었다.

어느 반의 체육 시간이었다.

엄마는 그마저도 들킬까 봐 고개를 돌리고 한 발 더 학교 안으로 들어섰다. 그런데 엄마의 시선에 한 그루의 나무 밑에 낯익은 얼굴이 보였다. 딸아이였다.

심장이 쿵, 아이 반의 체육 시간이었다.

심장이 터지듯 뛰었다. 얼굴은 하얗게 질릴 정도로 엄마는 당황했다. 이내 정신을 차리고, 힘든 몸을 이끌며, 최대한 빠른 걸음으로 교문 밖으로 나가려는 순간, 저쪽 나무 밑에서 아이가 교문 쪽을 바라보며 입에 손을 모으고 소리쳤다.

"엄마!"

엄마의 눈에는 알 수 없는 눈물이 와락 쏟아졌다.

내가 가진 조건이 열악해서 세상 모든 사람이 내가 나를 생각하듯 바라볼까? 절대 아니다. 스스로는 보지 못하지만, 조금 덜 드러난 능력과 아직은 덜 발산된 매력, 타인에게 힘을 불어넣어 주는 활력까지 당신만 모르는 좋은 조건을 다른 사람들은 모두 느끼고 공감한다.

특히, 당신을 늘 곁에서 지켜보는 가족은 사랑의 마음이 더해져 당신을 세상 최고라고 부추긴다.

청산도 슈바이처

전라남도 완도항에서 뱃길로 한 시간을 가면 청산도라는 섬에 '푸른뫼중앙의원' 병원을 만난다. 이 병원의 의사는 아침 7시 40분부터 진료를 시작한다. 대부분 어업에 종사하는 섬 주민들의 바쁜 일정 때문이다.

의사는 하루 평균 120명의 환자를 진료하면서도 자정이 넘어 병원으로 집으로 찾아오는 환자도 그냥 돌려보내지 않는다.

청산도 근처에는 병원이 없는 작은 섬이 많다.

보통은 병원을 찾아 환자가 오지만, 의사는 인근 섬까지 배를 타고 들어가 무료 진료를 해준다. 섬의 노인들이 움직이기 힘드니 의사가 섬을 오가며 진료를 해주지만, 청산도 유일의 이강안 의사 또한 이미 83세의 노인이다.

"한두 해 정도만 봉사활동을 하다가 돌아가려 했는데 어느덧 16년이 되어가네요. 이젠 죽을 때까지 여기서 의료 봉사를 하면서 지낼 생각입니다."

그는 1962년 전남대학교 의과대학을 졸업하고, 이후 잠실병원 부원장, 혜민병원 원장을 거쳐 1993년 서울에서 이강안 의원을 개원해 10년간 잘 운영해 왔다. 그런데 청산도라는 오지의 병원에 근무할 의사가 없어 문을 닫을 위기에 처했다는 소식을 듣고 아내와 단둘이 청산도로 내려와 의술을 펼치기 시작했다.

초로의 의사 이강안은 머나먼 섬으로 자신을 따라와 준 아내에게 고마움과 함께 미안한 마음뿐이고, 헌신적으로 함께 일하는 병원 직원에게는 많은 급여를 주지 못해 미안해한다.

또한, 본인의 사비로 가정 형편이 어려운 이웃에게는 쌀과 고기를 지원하고, 청소년에게는 장학금을 주며, 외로운 노인을 위해서는 매년 경로잔치를 열어주었다.

청산도와 주변 섬에 사는 마을 주민은 선생님을 '청산도 슈바이처'라고 부른다.

많은 사람은 자신의 지위와 명예를 높이기 위해 애를 쓴다.

하지만 그들은 시작부터 잘못된 착각이다.

가난하고 힘들고 어려운 사람들 앞에서 그들을 섬기고 자신을 낮추는 일이야말로 자신을 높이는 확실한 방법이다.

아프리카 바벰바족의 용서

　남아프리카 부족의 하나인 바벰바족 사회에는 범죄가 거의 일어나지 않는다.
　바벰바족에 대해 관심을 끌게 된 학자는 이 부족을 연구하여 마침내 놀라운 이유를 발견했다.
　이 마을에서는 범죄를 저지른 사람이 나오면 그를 광장 한복판에 세운다.
　마을 사람들은 하던 일을 멈추고 모여들어 그를 둘러싼다.
　그리고 돌아가며 시작한다.
　비난이나 돌을 던지기보다 그가 과거에 했던 미담, 감사, 선행, 장점들을 한마디씩 쏟아낸다.
　"넌 원래 착한 사람이었어."

"작년에 비 많이 왔을 때 우리 집 지붕을 고쳐줬잖아 고마워!"

그렇게 칭찬의 말들을 쏟아내다 보면 죄를 지은 사람은 흐느껴 울기 시작한다.

그러면 한 명씩 다가와 안아주며 진심으로 위로하고 용서해준다.

그렇게 칭찬이 끝나고 나면 그가 새사람이 되었음을 인정하는 축제를 벌이고 끝을 맺는다.

중요한 건, 범죄를 저지르는 사람이 거의 없어 이런 축제를 하는 일이 극히 드물다는 사실이다.

가슴 따뜻해지는 이야기

어느 추운 겨울날 두 친구가 술집에서 만나기로 했다.
한 친구가 뒤늦게 도착해서 막 가게로 들어서려는데, 술집 입구에서 꽃을 팔던 할머니가 다가왔다.
"신사 양반, 꽃 좀 사줘요"
"이렇게 추운데 왜 꽃을 팔고 계세요?"
"우리 손녀가 아픈데 약값이 없어서 꽃을 팔아야만 손녀딸의 약을 산다오."
할머니의 딱한 사정을 들은 그는 할머니가 말씀하신 돈보다 더 많은 돈을 주고 꽃을 샀다.
꽃을 들고 술집으로 들어서자 친구가 꽃 장수 할머니를 가리키며 물었다.

"너, 그 꽃, 저 할머니한테서 샀지?"

"응, 어떻게 알았어?"

"저 할머니 사기꾼이야. 저 할머니 저기에서 항상 손녀딸 아프다면서 꽃 팔거든? 그런데 저 할머니, 아예 손녀딸이 없어."

그러자 속았다며 화를 낼 줄 알았던 그 친구의 표정이 환해졌다.

"정말? 진짜? 손녀가 없어? 그러면 저 할머니 손녀딸, 안 아픈 거네? 정말 다행이다! 친구야 한잔하자. 건배!"

내 친구는 이 이야기를 듣고 가슴이 먹먹해서 일주일 동안 일을 못 했다고 한다.

당신은 어떤가? 누군가에게 속았다고 생각하면 대부분 억울해한다.

꽃을 할머니에게 도로 갖다주고 꽃값을 돌려받을지도 모른다. 하지만 주인공은 추운 겨울에 꽃을 파는 불쌍한 할머니에게 아픈 손녀가 없다는 사실을 알게 되자 진심으로 행복했다.

4부

혼자 살 수 없는 나무

혼자 살 수 없는 나무

　미국 워싱턴D.C 놀런 크리크에는 세계에서 세 번째로 키가 큰 측백나무가 한 그루가 긴 세월을 지키고 섰다.
　그런데 이 측백나무에는 자연의 교훈이 새겨졌다.
　30여 년 전 정부의 허가를 받은 벌목꾼이 숲의 오래된 나무들을 베어냈다. 그때 이 측백나무도 벌목 대상이었다.
　그런데 전기톱을 들고 나무를 베러 온 사람들은 세상에서 세 번째로 큰 나무를 차마 베어버릴 수 없었다.
　결국, 벌목꾼은 기념비적인 이 나무만 살려두기로 했다.
　함께 자라던 주변의 나무가 다 베어지고 측백나무만 혼자 덩그러니 살아남았다.
　그러나 특별히 보호를 받은 나무는 서서히 죽어갔다.

사람들은 당혹스러웠다.

대단한 기록을 가진 이 나무를 살리기 위해 적은 노력을 기울였지만, 점점 말라가던 측백나무는 결국 뼈대만 앙상하게 남아 하얗게 바랬다.

사람들은 뒤늦게 측백나무가 말라죽은 원인을 알게 되었다.

아무리 큰 나무라 해도 허허벌판에서 혼자 거센 바람을 맞으며 살아갈 수는 없었다.

게다가 나무들이 잘려 나가면서 이끼와 지의류도 죽어버리자 측백나무도 따라 죽어갔다.

이렇게 다른 나무와 함께 살았던 나무는 혼자서는 살아갈 수 없다.

사람들이 미처 깨닫지 못한 진리를 측백나무는 죽음으로 보여주었다.

무차별 벌목이 계속되는 지구의 여러 땅에서도, 이기심으로 똘똘 뭉쳐 이웃과 더불어 살지 못하는 세상의 여러 마을에서도, 한 번쯤 놀런 크리크의 측백나무를 떠올렸으면 한다.

독서는 마음을 채우는 그릇이다

 마음이 어수선할 때, 차를 마시거나 여행하는 게 좋다. 하지만 나는 책을 읽는다. 그럴 때마다 책은 '마음을 비우고', '마음을 채우는' 그릇이 된다. '영혼이 따뜻해지는 글'은 항상 감사함을 느끼게 한다. 책을 가까이하는 덤이다.
 책은 결코 배신하는 법이 없다. 또, 기쁨과 충고를 나눠주는데도 인색하지 않다. 사랑과 우정, 위안과 지혜를 밝혀준다. 그래서 책 읽는 건 엄청난 즐거움 속을 찾아가는 여행이다. 인체는 공기가 필요하다. 그렇듯이 정신은 지식이 필요하다. 겨를이 없다고 배우길 포기해서는 안 된다. 맹자는 배움을 일컬어 우물을 파는 일과 같다고 했다. 또 끝까지 노력하여 샘에 이르지 못하면 우물을 버리는 낭패와 같다고 했다. 그래서 평생 쉼 없이 파고드는 독서가 필요하다.

J. 러스킨은 교육의 참된 목적은, 사람에게 착한 일을 하도록 떼쓸 뿐만 아니라, 착한 일을 하는 그 자체에서 기쁨을 발견하도록 하는 거라고 말했다. 또한, 교육이 사람을 결백하게 만들고, 그 순수함을 사랑하도록 하며, 불의에 맞서 싸우도록 하고, 정의에 대해서 목마르게 요구하게 만드는데 그 소명을 가져야 한다고 했다.

교육이 지향하는 바도 이와 같다. 요즘 너무 편리한 시대를 살아 그런지 책을 가까이하는 사람이 드물다. 책보다 더 흥미를 끌고, 기쁨을 주는 놀이가 많아졌기 때문이다. 예전 같으면 여럿이 어울려야 놀이가 되고, 서로 힘을 모아야 무엇 하나라도 가능했다. 그러나 지금 아이들이 노는 모양을 보면 컴퓨터, 휴대전화 하나면 혼자서도 잘 논다. 책을 즐겨 읽는 아이도 컴퓨터 오락이라면 책하고 쉽게 담을 쌓아버린다.

그나저나 시답잖게 책만 읽는다고 핀잔을 준다. 자질구레하단다. 그렇지만 나는 마다하지 않고 애써 책을 읽는다. 퀴퀴한 활자 냄새, 조금은 고리타분한 듯하지만, 딸깍발이, 벽면 서생 노릇을 즐긴다.

야누스

야누스(Janus)는 로마신화에 나오는 문(門)의 수호신이다, 그리스신화에 대응하는 신이 없는 유일한 로마신화의 신이다. 고대 로마인은 문에 앞뒤가 없다고 생각하여 두 개의 얼굴을 가졌다고 여겼으며, 미술 작품에서는 4개의 얼굴을 가진 모습으로 그려지기도 하였다.

야누스는 집이나 도시의 출입구 등 주로 문을 지키는 수호신 역할을 하였다. 그런데 문은 시작을 나타내는 데서 모든 사물과 계절의 시초를 주관하는 신으로 숭배되었다. 영어에서 1월을 뜻하는 제뉴어리(January)는 '야누스의 달'을 뜻하는 라틴어 야누아리우스(Januarius)에서 유래되었다.

야누스는 로물루스가 로마를 세울 때부터 숭배하던 모든 종교 의식에서 여러 신 가운데 가장 먼저 제물을 받았다. 로마 중심에 세운 신전의 문은 평화로울 때는 닫혔고, 전쟁 중에는 열렸다. 누마와 아우구스투스가 다스릴 때는 단 한 번만 닫혔다고 한다.

로물루스에게 여자들을 빼앗긴 사비니인이 로마를 공격하였을 때 뜨거운 샘물을 뿜어 물리쳤다는 전설이 전한다. 두 얼굴을 지닌 모습에 빗대어 이중적인 사람을 가리키기도 하고, 토성의 여섯 번째 위성의 명칭으로도 쓰인다.

인터넷 검색창을 두들겼더니 야누스에 대한 개략적인 설명이 짠하게 훑어져 나왔다. 두 개의 얼굴을 가진 야누스, 그렇기에 사람 대부분이 인식하기에 두 얼굴을 지닌 모습에 빗대어 이중적인 성향을 지녔거나 행동을 하는 사람을 지칭하는 대명사가 되었다.

어쨌거나 '야누스'란 어휘에서 풍기는 의미는 그렇게 시원찮다. 뭔가 뒤를 닦지 않은 듯 개운하지 않다. 누군가가 나를 두고 야누스라면 그 말을 듣는 순간 켕겨 드는 낭패감을 맛보아야 하기 때문이다.

때로 나도 야누스적인 성향이 두드러진다. 운전할 때다. 평소에는 처연하다가도 막상 차를 몰고 거리에 나서면 가차 없이 두 얼굴을 가진다. 그저 앞서가는 차를 그냥 두지 못한다. 그럴 뿐만 아니다. 상대방이 내 차를 추월할 때는 그 정도가 더욱 심해진다. 과속을 넘어 쾌속 질주한다. 그 때문에 속도위반 범칙금 딱지를 받은 적이 한두 번이 아니다.

이러한 상황은 비단 나뿐만 아닐 거다. 대한민국 성인 남자라면 칠팔십 퍼센트는 운전대만 잡으면 팔딱댄다. 그렇게 서두르지 않아도 되는 길을 두고도 앞서가는 차를 가만두지 못한다.

평소 흠허물 없이 지내는 친구가 그랬다. 얼마 전에 세상을 하직할 뻔했다고. 뭔 일이냐고 물었더니 차를 폐차시켜야 할 만큼 대형교통사고가 났었는데, 천행으로 몸 하나 다치지 않고 살아났단다.

지금 생각해도 아찔하다고 했다. 설마, 자기는 절대로 사고를 내지 않는다는 의뭉한 확신이 생사를 가늠할 만한 사고를 냈다고 했다. 그래서 그 친구는 이제 차를 몰지 않는다고 했다(그는 거의 자전거를 타고 다닌다). 딴은 자라에게 놀란 놈이 솥뚜껑 보고 놀란 셈이다.

그렇다. 어떤 일에 한번 놀란 사람은, 그와 비슷한 상황만 보아도 겁에 질린다. 예전에 그는 자동차 경주에 버금가는 속도광이었다. 그렇지만 이제 그는 자전거를 타고 출퇴근한다(더욱이 다행스러운 것은 창원시가 전국 지자체로는 처음으로 소속 공무원에게 자전거 출퇴근을 권장하는 터이다).

그의 결심은 굳다. 나 역시 그동안 크고 작은 교통사고를 겪었다. 차를 몰면서 사고를 안 낸다는 건 거짓말이다. 다행스러운 일은 그때마다 차만 조금 망가졌을망정 몸은 멀쩡했기에 사고 순간만 지나면 언제 그랬냐는 듯이 잊고 다시 차를 몬다.

어제 한 친구가 황당한 교통사고를 당해 입원했다. 상대편 차가 냅다 들이받아 버렸다고 했다. 얼떨결에 사고를 당한 친구는 길길이 날뛰었다. 그렇지만 이미 엎질러진 물이 되고 난 뒤였다. 아무리 자신의 처지를 견지해 보려고 해도 보험사와 경찰의 사고 수습 정도는 그저 혈압 돋우기에 충분했다고 한다. 문제 사단을 쌍방 과실로 따졌던 거다.

대개의 교통사고가 그렇다. 절대적인 잘못이 없다. 일단 차바퀴가 움직였다 하면 최소한 2 대 8은 각오해야 한다. 정지 상태에서 부딪혀도 소용없다. 왜 차가 그곳까지 운전했느냐는 책임을 회피할 수 없기 때문이다. 억울해하며 분개해도 교통사고에 대한 법리해석은 객관성을 늘 담보한다는 데 할 말 없다.

나는 퇴근하자마자 집으로 냅다 달린다. 불과 왕복 오십여 킬로미터의 거리인데도 무엇에 그렇게 바빠 쫓겨 사는지 운전대만 잡으면 도무지 여유가 없다.

　대부분의 차도 같은 대열에 합류한다. 자연 야누스가 아니 될 수 없다. 그저 날뛰며 달려야 직성이 풀린다. 이 글을 쓰면서도 벌써 마음이 조급해진다. 이런 나를 두고 아내는 기회 닿을 때마다 안전 운행하라고 다그친다. 근데도 그게 잘 안된다.

　가늠컨대, 지금 나의 운전 품위 지수는 얼마쯤일까?

교사의 열패감

지금 우리 교육은 어떤가? 제자리 매김 하지 못한 채 지리멸렬하다. 그 이유가 뭘까? 까닭이야 여럿이다. 굳이 그중에서 꼭 하나를 꼬집어보라면, 나는, 단연코, '교사의 열패감'이라고 단정한다. 이 같은 열패감은 초중고 교사가 별반 다르지 않다. 교사에 대한 처우가 박하다기보다 교사를 대수롭지 않게 여기는 세태 때문이다. 그래서 교사는 길거리에서 자기가 가르치는 아이에게 인사를 받고 난처한 표정을 짓는다. 나도 마찬가지다.

왜 이런 일이 생겼을까? 모든 가치가 물질로, 금전으로 따지고, 등급이 매겨지는 세상에서 교사는 끄트머리이다. 학생의 인권을 운운할수록 교육이 힘들다. 걸핏하면 교사를 무시하고, 홀대하며, 폭행하는 일이 빈발한다. 모든 게 상대적이겠지만, 무엇보다 중요한 일은 교육자로서의 신념과 긍지 회복이 어려운 실정이다. 교사 스스로 열등시하는 마음가짐도 문제다. 자신감이 없는 교사가 무슨 교육을 하겠나? 끝자리에 앉았어도 당당하게 자기 일을 해야만 교육이 된다.

딴은 요즘같이 경기가 안 좋은 때 교사만큼 좋은 직장이 어딨냐며 성토한다. 공무원으로, 평생직장에다, 철밥통이라는 전제를 담은 언사다. 과연 그럴까? 교단에 선지 37년째인 나는, 아직도 여유롭게 사는 편이 아니다. 80년대 이후 경기가 좋았을 때 교사들, 아니 공무원의 처우는 열악했다. 오죽했으면 채 10만 원에 못 미치는 월급을 마다하고 하다못해 사무직으로 전환했어도 오륙십 만 원 받았다. 현장에 근무하는 사람은 그보다 상회하는 월급을 받았다. 그때도 교사는 묵묵히 아이를 가르치며 오직 한길을 걸었다.

그런데 경기가 바닥을 치는 요즘, 공무원, 교사가 눈엣가시다. 물론 이와 같은 사회 환경은 만든 책임을 교사가 면키 어렵다. 교육이 국력이고, 경제력이다는 필지에서 적어도 교사가 아이에게 윗자리에 앉도록 하는 다투는 교육을 했다. 지금 와서 보면 심히 후회되는 대목이다. 끝자리가 중요하다. 그게 우리 사회정의의 실마리가 되어야 했다. 고급 관리나 사장보다 농사꾼이 더 중요하다는 얘기다. 좀 더 정확하게 이야기하자면 입신출세의 교육을 지양하고 윗자리고 끝자리가 없는 교육을 해야 했다.

어렸을 때 나는 꽁보리밥에 된장 김치 반찬이 부끄러워 도시락을 안 가져가 점심을 걸렀던 적이 많았다. 그런데도 삶은 고구마 몇 뿌리를 가져와서도 당당하게 내어놓고 먹는 친구도 기억 속에 선명하다. 그 친구는 지금, 광역시 구청장으로 봉직한다. 아직도 나는 그때의 그 열등감을 떨쳐내지 못했다.

어느 때 영국 찰스 2세는 버스비 박사의 교실을 방문했다. 그러나 버스비 박사는 눈썹 하나 까딱하지 않고 모자를 쓴 채 교실을 활보했다. 그러자 찰스 2세는 모자를 벗어 팔 밑에 끼고서 공손히 그의 뒤를 따라 걸었다. 나중에 찰스 2세가 문간에서 작별을 고하려고 하자 그때야 박사는 찰스 2세에게 정중히 아뢰었다.

"폐하, 소신이 저지른 오늘의 불경을 용서해주시기 바랍니다. 만일 소신의 학교 아이가 이 나라에서 소신보다도 위대한 사람이 존재한다면 믿으면 소신은 결코 이 아이들을 지도할 수가 없었기 때문입니다."

어떤가. 명치끝이 짠하게 아려오는 전율을 느끼지 않는가. 교사를 우대하는 일, 그 일은 절대 어렵지 않다. 내가 시골에서 자랄 때, 자그마한 우리 고장에서 아이들은 선생님이, 교장 선생님이 제일 훌륭하고, 높은 분으로 생각했다. 그뿐만 아니라 학부모도 당연히 그렇게 알고 존경했다. 교사의 사기는 보수를 비롯한 처우개선이나 교원 우대책으로 진작되는 게 아니다. 교사를 함부로 대하는 잘못된 시각부터 바로잡아야 한다.

무엇보다 교사는 학교에 찾아오는 사람이 그 누구든 당당해야 한다. 장학사, 교육장, 교육감, 학부모, 그 누구든지 교사들 앞에 머리 숙이고 꼼짝 못 하는 장면을 아이에게 보여주어야 한다. 더불어 교육 행정 하는 사람이 교사들 위에 군림해서는 안 된다. 특히 과도한 공문과 사무 부담으로 교사의 사기를 떨어뜨리지 않아야 한다.

단언컨대, 우리 아이가 참된 교육을 받기 위해서는 교사의 자긍심을 되찾아주어야 한다.

걸핏하면 상호가 바뀐다

요즘 퇴근하면서 곧바로 도서관을 향한다. 딱히 정해진 일 때문이 아니라, 온종일 도서관에 붙박이여 사는 아들의 심정을 조금이나마 나누고 싶어서이다. 그곳에 들리면 처지가 비슷한 젊은이가 빼곡히 자리 지킨다. 맘이 짠하다. 시대를 잘못 만나 애꿎게 고생하는 청춘이다. 우수한 성적으로 대학을 졸업했지만 마땅한 직장을 얻지 못한 채 오늘도 손때 묻어 나들나들 해진 책과 씨름한다.

벌써 수년째다. 이들을 보면 경기가 어렵다는 걸 단박에 실감한다. 소도시 도서관만 해도 취업 준비생이 이렇게 많은데, 전국적인 상황을 짐작해 보면 아득한 수치일 거다. 국가적으로 봐서도 이만저만한 손해가 아니다. 주변 또래도 비슷하다. 집마다 귀

향한 자녀가 한둘 아니다. 일하겠다고 숱하게 원서를 내고, 기회 닿을 때마다 응시했으나, 취업은 낙타가 바늘귀를 통과하기만큼 어렵다. 그나마 신규채용은 가물에 콩 나듯 어렵다.

또 하나, 힘겨운 군상은 소위 자영업자들이다. 직장을 잃고 시작한 일이 음식점이다. 그러니 좁다란 골목에 엇비슷한 가게가 다닥다닥, 제 살 제가 베어먹기를 한다. 으레 치킨, 국밥, 분식 가게를 낸다. 편의점도 그 대열에 선 지 오래다. 문 닫아봤자 크게 거덜날 게 없다고 하지만, 가맹점의 경우는 여차하면 알거지로 전락한다. 당장에 이문이 남는다는 본사만 믿었다간 깡통 신세 면치 못한 사람이 부지기수다.

오늘도 저녁을 먹으러 일면식을 터놓았던 가게에 들렀더니, 그새 가게 간판을 새로 바꿔 달았다. 말마따나 주방 식구들이 힘들다고 싸워대서 업종전환을 했다고 했다. 하지만, 실상은 장사가 안되어 고육지책으로 먹거리를 다시 정한 거다. 그 덕분에 주방 식구도 줄이고, 부부가 단출하게 운영하는 해장국집으로 얼굴을 드러냈다. 굳이 신문 통계를 밝히지 않아도 요즘 새로 개업하는 가게가 서너 달 살아남는 사례가 드물다고 한다. 십중팔구는 도로 문을 닫는다는 얘기다.

상가 사정도 빠듯하다. 길 가는 사람들, 경기가 좋으면 주머니가 바쁘고, 덩달아 술술 지갑이 열린다. 그렇지만, 끝없이 추락

하는 이즈음엔 그냥 가격만 물어보고 그냥 지나친다. 그러니 물건 하나 팔겠다고 손님 시늉 들다 보면 입이 쓰다. 오죽했으면 적게 받아도 월급쟁이가 최고하고 극찬을 할까? 남의 돈 벌기가 정녕 하늘의 별 따기보다 더 힘이 든다.

인간 세상이 망한다면 무엇이 남을까

요즘 텔레비전 뉴스를 보노라면 갑갑하다. 인간 세상이 마지막이라는 생각을 떨쳐버릴 수 없다. 인간이 망한다면 땅 위에 무엇이 남겠는가? 아마 잿더미 위에 무엇 하나라도 남는다면 돈과 물질적 편리함에 정신이 팔린 사람이 함부로 버려놓은 폐기물(플라스틱 쓰레기)들, 쉼 없이 먹고, 마시고, 춤춘 뒤의 찌꺼기 똥통밖에 없을 거다. 신성한 노동이 없는 유희는 그 어떤 공장 폐기물보다 더 더럽다.

도시가 미어터진다. 많이 가진 자는 더 편리한 생활을 누리기 위해서, 가난한 농투성이는 입에 풀칠하기 위해서 도시로, 도시로 모여든다. 그러니 개념 없이 급작스레 만든 도시는 당장에 거대 공룡이 된다. 우후죽순처럼 치솟는 아파트, 농촌은 빈집만 늘어가는데 도시는 집을 지어도 모자란다. 학교가 연달아 생겨도 교실이 모자란다고 아우성친다. 폭주족 시대다. 길이 좁다고 처연한 산을 뭉개고, 집을 헐며, 도로만 넓힌다. 그래도 교통사고가 꼬리를 문다. 버스고, 지하철이 만원이고, 승용차가 도로를 꽉 메웠다. 각종 사고, 범죄 사건이 밤낮 가리지 않고 벌어진다.

한 달 수입 몇십만 원이라도 농사짓는 일보다 낫다는 세상, 그래서 농촌은 일할 사람이 모자라 묵정밭이 늘어만 간다. 이제 시골에서 외국인 노동자를 무시로 만난다. 기피 업종을 나 몰라라 손사래 친 결과다. 이래저래 농촌이 무너진다. 그러니 농사를 지어도 퇴비를 안 쓰고, 화학비료와 농약만 자꾸 뿌려댄다. 씨를 뿌려도 잡초를 뽑을 겨를이 없다. 제초제가 그 일을 대신에 한 지 오래다. 그 때문에 농사도 이제 장사가 되어버렸다.

정치한답시고 껄껄대는 인간들, 그들은 논밭 묵정밭에 뿌려대는 제초제보다 더 나쁘다. 일찍이 네루는 말했다. 정치는 국민의 아픈 눈물을 닦아주는 거라고. 한데 지금 대한민국의 정치인들은 무엇을 하는가. 오직 당리당략만을 위할 뿐이다. 그들에게 국민은 선거 때 단 한 표일 뿐이다. 몇 번이고 다짐했었다. 선거를 잘못하면 못된 인간들 지배를 받는다고. 그런데 지금이 꼭 그 꼬

락서니다. 마루 밑에 개가 보아도 낭패다. 오늘도 눈꼴사나워서 패거리 정치를 외면한다.

그뿐만이 아니다. 세상은 돈이면 안 되는 일이 없고, 교육도, 문화도, 예술도 하찮은 상품이 되어버렸다. 단지 좋은 점수 따서 좋은 대학 가기 위해 공부한다. 그래야 좀 더 나은 직장을 얻고, 남을 짓밟고 올라선다. 머리 싸매고 참고서를 달달 외워야 할 이유가 없다. 돈이면 다 해결되는 세상이니 물불을 안 가리고 돈벌기에 수단을 가리지 않는다.

마침내 돈이 사악한 인간을 만들었다. 거짓부렁 재주 놀음으로 쓴 책들이 날개 돋친 듯 팔린다. 빵이고, 과자고, 콩나물이고, 두부고, 김치며, 소고기, 고춧가루 가릴 게 없이 맘 놓고 사 먹을 수 없다.

젊은 알렉산더 대왕이 죽음을 앞두고 세상을 단죄하는 유언을 남겼다. 내가 죽거든 무덤 밖으로 내 손을 내놓은 채 묻어달라고. 그의 심오한 고뇌는 무엇을 말하는가. 인간이 마지막 차지할 땅은 여섯 자 길이에 두 자 넓이 구덩이밖에 안 된다. 그런데도 소유욕을 떨쳐버리지 못하고 평생을 왈왈거리며 산다. 마흔 평 육십 평 으리으리한 집이며 응접실과 가구들, 그릇이 다 무슨 소용인가.

맑은 가난으로 살아야 한다. 가난한 사람이라야 올바른 정치를 하고, 교육도, 예술도 가능하다. 성직자도 가난해야 순리를 설파한다. 하물며 정치가는 가난하게 살아야 더는 큰 죄악을 저지르지 않는다. 돈 많은 정치인은 결코 가난한 사람의 처지를 훑어보지 못한다.

반편이

　간만에 친구를 만났다. 근데 몹시 찌든 얼굴이었다. 친구는 힘 겹게 말문을 열었다. 요즘 하루하루가 칼끝에 서서 산다고. 직장에서 명예퇴직하고, 개업한 가게마저 빚잔치를 한 뒤로 마땅한 일자리 없이 지내기 너무 허망하다고. 그렇게 애살맞게 조곤조곤하던 아내도 돈줄 떨어지자 그냥 냉담하더란다. 아이들도 마찬가지. 하릴없이 빈둥대는 아버지를 데면데면하게 대한단다. 그래서 눈 뜨면 새벽바람처럼 나왔다가 지는 해 보면 집에 들어가는데, 영락없이 아내 바가지 긁는 소리 다다닥 발끝에 채인다.
　요즘 세상 다 그렇다고 위안으로 삼는다. 그렇지만, 내 속도 그리 편하지 않다. 그렇게 곱던 아내도 오십 줄에 들어서니 목소리 굵어지고, 남편 쉽게 대한단다. 숫제 가장 체면 구겨질 대로 구겨졌단다. 친구의 처진 어깨를 추스르며 소주잔 건넸다. 그러나 애써 마다하며 속울음을 삼켰다. 마른 담배를 뻑뻑 태웠다. 대체 어떻게 남편 보기를 그렇게 몰짝하게 대할까?

빈속에 거푸 술 마신 탓에 친구는 거나하게 취했다. 두어 시간 술잔 기울였는데도 그는 안주 한 점 집지 않았다. 새까맣게 탄 속에 안주 집어본들 무엇하랴. 덩달아 찬물만 들이켜던 나도 젓가락을 놓았다. 우리의 이야기는 멈춘 지 오래, 다만 냄비 안주만 바짝 줄었다. 우리네 인생도 이와 같지 않을까? 달고 단내만 쭉 다 빨아먹고 껍데기만 데데하게 남았으니 이제는 소용없는 거다. 토사구팽이 따로 없다.

질척한 어둠 속으로 두 중늙은이가 비척거렸다. 채 걸음이 떼이지 않는 친구를 부축하랴 온몸이 땀범벅이 된 채 공원 벤치에 앉아 하늘을 봤다. 까만 하늘 먹장구름만 잔뜩 끼었다. 꼭 갑갑하게 응어리진 내 맘 같았다. 친구는 연신 코를 골며 단잠에 빠졌다. 집까지 데려다주려면 아직도 삼십여 분 실랑이를 남겨둔 거리. 늦은 시간이라 지나는 택시도, 대리운전도 깜깜무소식 된 지 오래다. 친구를 들쑤셔 깨워도 기척 없었다.

딴은 치열하게 살았는데도 막상 헤아려보니 속 빈 강정이다. 돈도, 명예도, 사회적 지위도 부나비 춤처럼 부질없는 인생. 내가 봐도 친구는 세상 정직하게, 열심히 살았다. 도덕 교과서로,

정말이지 법 없어도 살 사람이었다. 그에 비하면 나는 많이 뒤미치게 살았다. 그런데 지금 형편은 말이 아니다. 한때 잘나가던 사람이 기울기 시작하자 끝 간데없었다. 명퇴금으로 시작한 가게가 쪽박 깨고, 친인척에게 손 내민 게 화근이었다.

　얘기하다 말고 가슴을 턱턱 치는 친구를 도와주고픈 마음은 간절했다. 그러나 벽면 서생으로 딱히 모아둔 게 없는 나는 그저 씁쓰레한 침만 삼켰다. 친구란 게 무색하다는 자괴감이 컸다. 나이 들면 건강만큼이나 돈줄이 든든해야 한다고 했는데, 안타깝게도 우리는 그와는 참 멀찍이 떨어져 살았다. 단지 친구 좋다는 그 의기투합 하나로 젊음을 일갈하였을 뿐. 세상의 대업은 칠십대 노익장이 이룩했다고 하지만, 우리는 그와는 별 단 인간이다.

　겨우겨우 친구를 부축해서 집 앞에 도착했을 때는 사위가 적막했다. 살아서 밤기운을 지키는 건 오직 가로등 하나였다. 그렇게 먹먹하게 돌아서는데 날이 선 목소리가 들렸다. 그건 바로 나를 향해 쏟아붓는 질타 같았다.

　"어느 반편이 같은 인간이 이 시간까지 술 사 주더냐?"

신기한 일

신기한 일이 많다. 수많은 사람이 바짝 부대껴 산다. 그러면서도 똑같은 사람은 하나도 없다. 먹성도 신기하다. 하루 세 끼를 먹는다. 그 양이 엄청나다. 일 년에 천아흔다섯 끼를 먹으면, 육십 년이면 칠만 천칠백 끼다. 이렇듯 평생 삼백 가마니의 쌀을 소화해 내는 든든한 위장을 가졌다, 그 사실 하나만으로도 신기하다.

사람의 심장은 하루에 구천 번 이상을 뛴다. 그뿐이랴. 한 덩이 정도의 크기를 가진 머리로 무엇이든지 다 알고, 생각하고, 행동한다. 열 길 물속은 알아도 한 뼘도 안 되는 사람의 마음을 알 수 없다. 그것도 신기하다. 사람의 감정 또한 그렇다. 여러 감정 중에서도 사랑의 감정은 너무나 신기한 그림을 그린다.

누군가를 사랑하는 일도 신기하다. 살면서 가장 아름다웠던 때를 꼽으라면 누군가 열렬히 사랑했던 때다. 그만큼 사랑은 우리의 생활을 즐겁게 해주고, 세상을 따뜻한 색깔로 물들인다. 누군가를 사랑하기에 하루 일상이 행복하다. 무시로 내가 사랑받고, 또 사랑한다는 사실은 더없는 행복이다. 그러나 아무리 생각해 보아도 사랑은 결코 우연이 아니다. 사랑할 때 행복은 덤으로 주어진다. 참 신기한 선물이다.

사랑은 인간을 꿰뚫어 보는 예리한 눈을 가졌다. 그렇지만 그것을 잘 알면서도 모르는 게 바로 자기 자신과 같은 모습을 한 사람이다. 서로 부대끼고 살아도 사랑의 신비함을 맛보지 못하는 사람이다. 평생 살을 맞대고 살아도 네 그럴 줄 몰랐다고 탄식하는 사람들이다. 서로 잇속을 따지는 자연현상에 대해서는 속속들이 알면서도 사람의 내면을 뜯어보는 예사로운 눈을 갖지 못했다. 그래서 늘 불만족한 그릇을 박박 긁는다. 행복만을 좇는 사랑은 오래가지 못한다.

진실한 사랑은 즐거움과 괴로움이 한데 얽힌 사람, 사랑하고 미워하는 감정에 엇갈린 사람, 별과 같은 이상을 지향하면서도 진흙 구덩이 속에서 헤매는 사람, 선이 무엇인지 알면서도 악에 빠져드는 사람, 길흉화복과 생로병사를 체감하면서도 자기만은 영생불멸하리라 자신하는 사람을 신용하지 않는다.

모든 사람은 저마다 상대방에게 신비로운 존재다, 생각하면 할수록 신기한 일이다. 집마다 그 집만의 행복한 비밀을 묻고 산다. 수천수만의 사람 가슴에는 그 사람만의 비밀을 가졌다. 그 때문에 세상이 비밀투성이다. 어디 하나 마음 놓을 곳이 없을 때가 생긴다. 그러나 인간의 비밀이 아무리 철저하다 해도 자기감정을 속이는 비밀은 가지지 못한다. 사랑하면 더욱더 그러하다. 사랑하면 누구나 자기 자신을 더욱 진실하고, 더욱 바르고, 아름답게 드러낸다.

이 세상에 남을 전혀 필요로 하지 않는 사람은 없다. 우리는 저마다 누군가가 나를 생각해 주고, 인정해 주며, 배려해 주고, 기억되기를 갈망하며 산다. 나를 생각하고, 인정하고, 기억하며, 사랑해 주는 사람을 내가 인정하고 흠모한다. 그래야만 비로소 그 사람이 내게 배려와 인정, 기억과 사랑을 소중하게 받아들인다.

자기만을 생각하고 행동할 때만큼 추한 일은 없다. 이 세상에 완전한 사람은 없다. 그렇지만, 스스로 자기를 추켜세울 때 자기의 찬란한 빛의 한쪽은 이미 그림자가 드리워지기 시작한다. 자기만이 가진 그 아름다움은 자기 허영심으로 더럽혀지고, 그 지혜는 자부심 때문에 야유를 받는다. 사랑은 이기심으로 인해서 깨끗이 사라진다. 명예는 부패 때문에 땅에 떨어지고, 비판받고, 비웃음을 당한다. 모욕과 멸시와 교만의 씨앗을 뿌린다.

자기를 높이는 사람은 낮아지고, 자기를 낮추는 사람은 높아진다. 참으로 자기를 사랑하는 사람은 자기만을 사랑하지 않는다. 그는, 참삶을 위한 진리와 정의와 사랑을 추구한다. 폭력보다는 이웃을 사랑하고, 자기의 비천함을 옷 속에 숨기려 들지 않는다. 진리와 정의와 사랑의 가치를 높이 세워 성실하다. 그렇기에 참된 사랑은 인간의 모든 존재에 의미를 주고 뿌리가 된다.

무엇보다도 사랑은 자유스러워야 하고, 자발적이어야 한다. 아무런 제약도 압력도 받지 않아야 한다. 아무런 조건 없이 제공되어야 하는 선물이어야 한다. 남의 사랑을 함부로 거절해서도 안 된다. 자기 자신을 인정받고 싶은 만큼 상대방도 똑같이 인정해야 한다. 매사 긍정하고, 너그러워야 하고, 자기를 발견하고 서로 발전해야 한다. 사랑은 서로 동등할 때 비로소 아름답게 발현된다.

아무리 각박하다 해도 사랑의 향기는 영원하다. 항상 더러운 물에서 놀던 고기는 맑은 물의 고마움을 모른다. 그렇듯이 언제나 비도덕적인 생활을 하던 사람은 자기의 생활이 얼마나 흉한지 모른다. 양심이 무디어진 사람은 섬세한 아름다움을 모른다. 그러나 항상 착하게 살려고 노력하고, 의롭게 살려고 노력하는 사람은 무엇이 옳은지 그른지 안다. 평화롭게 살려는 사람에게는 맑고 깊은 사랑이 뿌리를 내린다.

실패를 보는 눈

19세기 중반 프랑스의 한 염색공장에서 벌어진 일이다.

모두가 바쁘게 정신없이 일하는 도중, 한 여직원이 등유가 든 램프를 옮기다가 염색 테이블 위에 떨어뜨렸다.

램프가 깨지고 램프 안의 등유가 쏟아져 나왔다.

당연히 테이블에 올려둔 작업물은 단숨에 엉망이 되었고, 바쁜 와중에 작업이 중단된 공장 직원은 투덜거리며 화를 냈다.

그런데 당시 공장의 대표였던 장 바티스트 졸리는 조금 달랐다.

화를 내기 전에 먼저 그 상황을 관찰했다.

염색공장의 작업대를 덮은 테이블보는 계속되는 작업으로 여러 가지 염색약에 얼룩졌다.

그런데 여직원이 등유를 쏟아버린 부분만 얼룩이 지워졌다.

그는 곰곰 생각했다.

세탁 산업의 한 축이 되어버린 '드라이클리닝'이 발명되는 순간이었다.

핀란드에서는 10월 13일은 '실수·실패의 날'이다.

지난 1년간 저질렀던 실수나 실패했던 사례를 다른 사람과 공유하여, 다시는 그런 실수나 실패를 하지 않도록 반전의 기회로 삼으라는 취지로 지정했다.

한 번의 실수도 없이 세상을 살아가는 사람은 없다.

어쩌면 사람이 바르게 살도록 하는 원동력 중의 하나는 실수일지도 모른다.

노력할수록 운이 더 좋아진다

일기예보에 없던 강한 돌풍과 비가 내리는 날이었다.

낡고 작은 고시원에서 사는 사내는 자신이 일하는 회사 창고의 화물이 걱정되었다.

사내는 어릴 적 가난으로 배우지 못해 남이 말하는 좋은 직장은 다니지 못했다. 그렇지만 화물창고에서 상하차하는 일을 감사하면서 살았다.

그런데 그날 들어온 화물이 너무 많아 일부를 창고 밖에 두고 퇴근했다. 그런데 갑자기 내리는 비와 돌풍에 당황하였다.

혹시 몰라 방수포로 물건을 꼼꼼히 여며놓았지만, 비바람이 너무 신경 쓰였던 사내는 결국 일하는 창고로 나갔다.

아니나 다를까, 사내가 화물에 씌워놓은 방수포는 바람에 밀려 벗겨지기 일보 직전이었다.

당황한 남자가 방수포를 감싸고 묶은 줄을 몇 겹으로 더하며 비에 쫄딱 젖었을 때, 역시 화물이 걱정된 사장도 창고로 나와 사내를 도와 마무리 지었다.

다음 날, 사장은 사내를 불렀다.

"자네에게 우리 회사의 관리를 맡기고 싶은데 가능하겠나?"

사내는 당황해서 사장에게 말했다.

"사장님, 전 제대로 된 경력도, 학력도 없는데요."

그러자 사장은 사내에게 다시 말했다.

"자네가 어제 보여준 모습은, 그런 일을 뛰어넘고도 남으니 걱정하지 말고 맡아주게나."

사내에게 벌어진 일은 단순히 행운이 아니다. 성실한 행동과 노력에 따른 당연한 상과다. 그리고 당신에게 찾아온 행운도 마찬가지로 열심히 쌓아온 노력의 결과다.

내가 더 노력할수록 운이 더 좋아진다.

아름다운 노년의 삶

"이제 자네도 많이 늙었네. 살도 많이 쪘다."

어느 모임에서 오랜만에 만난 친구가 불쑥 던진 말이다. 최악의 공치사였다. 반가운 자리 좋은 말이 하고많은데, 그 친군 다른 이에게도 꼭꼭 꼬집어 가며 심사를 뒤틀리게 했다. 기분 좋았던 모임이 바람 빠진 풍선처럼 시들해졌다. 아무리 좋게 봐도 그 친구, 우리 중에서 가장 나잇살이 들어 보였다. 이마에서부터 쪼글쪼글한 주름살이 그것을 반증했다. 그러한데도 친구는 자기는 누구보다 젊다고 애써 떠벌렸다. 참 무딘 안경을 쓴 사람이다.

지천명 밑자리를 깔아놓고 보니 불현듯 노년의 삶이 그려진다. 그동안 숨 가쁘게 살았다. 아이들 뒷바라지한다고 온갖 일에 부대끼며 분주했다. 하지만 내 모습을 들여다보면 측은지심이 묻어나는 구석이 한둘 아니다. 한 남자로서 아내에게 미더움을 받고, 아이들에게 존경받는 일도 아직은 미욱하다. 별스럽게 이뤄낸 게 없고, 사회적인 명예도 물질적 풍요를 갖지 못했다. 아직도 쭉정이가 많은 삶이다.

세월은 덧없이 흐른다. 쏜살같이 내달아가는 세월의 채 편을 뿌리칠 수 없다. 다가올 노년의 삶을 미리 짚어본다. 예전 같으면 부부로 만나 수연(壽宴)을 맞으면 자식들이 뜻깊은 자리를 마련하여 축원하였다. 그런데, 지금은 이순은커녕 고래희(古來希)를 맞아도 잔치를 마다하는 세상이다.

가수 노사연 씨가 '바램'에서 노래했듯이 노년의 삶도 청년의 삶 못지않게 아름답다. 하지만, 나잇살을 가지면 늙고 쇠약해진다. 그러나 뻔히 알면서도 스스로 인정하기가 쉽지 않다. 젊었을 때 자신만큼은 영원불멸하리라던 사람도 어느덧 귀밑머리 희끗희끗해지고, 얼굴에 주름살이 늘어나면 한풀 꺾인다. 그런데도 의약 기술의 발달로 평균수명이 연장된 지금, 누구나 팔십 정도는 살아야 아깝지 않은 세상이 되었다. 근데도 노년의 생활을 헛되이 보낸다면 너무 아까운 일이다.

노년의 삶을 어떻게 준비해야 하는가? 정년을 앞둔 남자 대부분은 자기 일에만 치우쳐 살았던 까닭에 마땅한 자기 취미를 가진 게 없다. 시간 때울 방법을 만들어 놓지 못한 실정이다. 마흔

중후반의 나이에 벌써 아내의 치마끈을 잡고 늘어진다. 무엇하나 스스로 할 줄 모르고 일일이 다 챙겨주어야 한다. 상황에서 벗어나기가 안 되기 때문이다. 그렇다고 아내와 남편이 서로 따로국밥으로 살아야 할 까닭이 없다.

적어도 남편이 집에만 나뒹굴면 아내가 답답하고, 종일 아내가 집 안에만 머물면 남편이 부담감을 느끼는 노년 생활은 맞이하지 않아야 한다. 부부가 서로에게 매달려서 인생 자체를 저당 잡히는 나약함을 가져서는 안 된다. 오십 줄이면 인생을 중후하게 정리해 볼 만한 나이다. 그동안 집안 살림하며 자식 키우는 데만 충직했던 아내가 바깥출입이 잦다고 해서 사사건건 따져 묻거나, 괜한 일로 트집을 잡아 얼굴 붉혀 섭섭할 까닭이 없다. 스스로 일을 찾아야 하고, 친구도 만나고, 취미 생활도 하며, 여러 모임에도 바쁘게 찾아다녀야 한다.

노년에 만날 친구 하나 없이 집안에만 틀어박혀 지내는 자신의 모습을 생각해보라. 얼마나 꾀죄죄하고, 추레하며, 안타깝게 보일까. 그런 삶의 모습은 미리 지워야 한다. 늙어감에 아무 하는 일 없이 빈둥거린다면 살아도 사는 게 아니다. 그렇다고 아름다운 노년은 거저 얻어지지 않는다. 장차 노년의 삶을 아름답게 채색하려면 언제나 즐겁고 성실한 자세로 자기 삶을 꾸려야 한다. 노년기에 접어들수록 사람을 만나고, 책을 읽고, 마음 통하는 친구를 만나는 즐거움으로 얼굴이 반짝반짝 빛나야 한다. 무엇이든 온전하게 즐겨야 한다.

그런 인생이라면 아무리 노년기를 맞아도 충분히 살만한 가치를 둔다. 자신의 내면의 소리에 귀 기울이고, 용기를 내어 새로운 삶에 도전하는 의지를 찾아내야 한다. 급변하는 사회 환경에 순탄하게 적응하고, 그에 걸맞은 자신의 역할을 찾아내야 한다. 노년일수록 혼자서 사는 게 아니라 여럿이 어울려 즐겁게 지내는 여력을 많이 가져야 한다.

하지만 당장에 그러한 일이 잘 추슬러지지 않는다. 그렇기에 부부가 서로 느긋한 마음으로 상대의 심정을 이해하려고 노력해야 한다. 미운 정 고운 정이 다 든 사람이기에 노년기에 접어들수록 서로를 지배하려고 들거나, 까닭 없이 의지하려는 마음을 버리고 각자의 생활을 인정해야 한다. 그런 마음의 바탕이라면 유연한 사고방식으로 깨어서 둘이 함께하는 일을 찾고, 남편은 남편대로 아내는 아내대로 자기 시간을 충분히 누리는 홀로서기 방법을 찾아야 한다.

나이 오십이면 자신의 미래에 대해서 진지하게 생각해보아야 한다. 신선하고 아름다운 노년의 삶에 대한 목표를 세울 때다.

멋진 장미꽃을 얻으려면

백화점 왕으로 불리는 미국의 존 워너 메이커(Jone Wanamaker). 그가 한껏 사업을 일구어 가던 젊은 시절, 하루는 평소 안면을 튼 고객의 가정을 방문했다.

집주인은 자신이 정성 들여 가꾼 정원으로 워너 메이커를 데리고 나가 백장미와 흑장미 등 온갖 장미를 구경시켜 주었다.

가지마다 소담스럽게 핀 장미꽃이 장관을 이루었다.

워너 메이커는 마음이 저절로 밝아짐을 느꼈다. 그런데 집주인은 가위를 가져와 그 아까운 장미꽃을 자르는 게 아닌가? 몇 개의 덩굴은 단 한 송이 꽃만을 남겨두고 모두 가지를 쳐버리기도 하였다.

워너 메이커는 도저히 이해할 수 없었다.

그 아까운 장미꽃이 매달린 가지를 다 잘라내다니? 너무도 궁금하여 물었다.

"아니, 왜 가지를 모조리 칩니까? 아깝지 않나요?"

그러자 주인은 가지치기하던 일손을 멈추고는 웃으면서 말했다.

"더 튼튼하고 좋은 장미 덩굴을 만들려면 먼저 가지를 잘 쳐내야 합니다. 내가 가지를 쳐서 잃는 게 없습니다. 오히려 더 많은 가지에 훨씬 탐스럽고 예쁜 꽃을 얻게 되지요."

가지를 잘라내 잃는 게 아니라 오히려 더 좋은 결실을 본다는 말에 충격을 받았다. 워너 메이커는 사업 구상을 할 때 반드시 어떻게 가지치기를 해야 한다는 말을 상기하였다. 그리고 더 효율적인 성과를 가져오는지 깊이 생각한 후 우선순위를 정하고 일을 추진하였다.

그 결과, 하는 사업마다 시행착오를 줄이고, 좋은 결과를 얻어 마침내 미국의 대재벌이 되었다.

그는 이렇게 말했다.

"오늘의 나를 만든 최고의 교훈은 젊은 시절 장미꽃의 가지치기를 하는 이유를 알려 준 고객 덕분이다. 그 고객으로부터 인생의 길을 여는 가장 큰 소중한 교훈을 얻었다."

장미뿐만 아니라 모든 꽃은 가지치기를 잘해야 웃자라지 않는다. 또 줄기가 튼튼해지면서 많은 곁가지에 더 풍성하고 아름다운 꽃이 핀다.

　과일도 마찬가지이다.

　제때 가지치기를 해야 탐스러운 꽃과 열매가 늘어난다. 제대로 하지 않으면 수확이 적을 뿐 아니라 탐스러운 열매를 맺지 못한다. 또한, 장대같이 키만 커서 수확을 하는 데도 애로 사항이 많아 비효율적이다.

　인생도 마찬가지이다. 어린 시절부터 좋은 품성으로 훈육하는 이유는 올바로 인격을 양성시켜 훌륭한 인품으로 만들기 위함이다. 무엇을 하고자 할 때도 일만 잔뜩 벌여 놓아서는 안 된다. 우선순위를 잘 판단하여 냉철하게 가지치기를 해야 한다. 긴요하지 않은 사안이 무엇인지 가려낼 줄 아는 혜안이 필요하다.

　인간관계에서도 가지치기를 해야 한다. 내가 아는 모든 사람이 다 나의 친구가 될 수는 없다. 상호 간에 진정성을 갖고, 상생의 입장에서 흉허물 없이 대하며, 신뢰하는 친구를 사귀는 데 노력을 해야 한다.

　삶을 지혜롭게 살려면 자기 일과 행동과 습관에 방해가 되는 일은 거침없이 가지치기해야 한다. 그래야 새로운 삶의 활력이 샘솟는다.

넬슨 만델라 희망 이야기

어두운 감옥에 갇힌 무기수. 그는 절망의 나날이었으나, 한 줄기 빛을 찾으려고 애를 썼다.

어느 날 그는 교도소장에게 한 가지 부탁했다.

"교도소 마당 구석에 채소밭을 일구게 해 주십시오"

승낙이 떨어졌다. 첫해에는 양파와 같은 채소를 심고, 다음 해엔 작은 묘목을 심고, 장미 씨도 뿌렸다.

한 해 두 해 지날 때마다 보람과 기쁨을 느끼며, 정성스럽게 밭을 일구었다.

새싹이 돋고 꽃을 피우는 식물에서 작은 위안을 얻었다.

그는 바깥에서 했던 일처럼 매일 꾸준하게 운동도 했다.

다른 죄수들도 운동을 따라 하기 시작했다.

이러한 행동은 교도소의 열악한 환경까지 개선하게 했다.

교도소 내에서 그의 명성은 점점 높아졌고, 그렇게 27년의 세월이 흘렀다.

그가 임시 석방으로 풀려나가자 많은 사람이 눈물을 흘리며 기뻐했다.

남아프리카 공화국 첫 흑인 대통령인 넬슨 만델라의 이야기다.

만델라는 타고난 희망 주의자였다.

종신형을 선고받자 사형이 아니라 다행이라고 여길 정도였다.

그는 정치범으로 독방에 갇혔을 때, 어머니를 잃고, 큰아들이 교통사고로 죽었다.

가족들이 강제로 흑인 거주 지역으로 이주시키고, 둘째 딸은 심한 우울증에 시달렸다.

그렇게 감옥에서 보낸 지 14년째 되던 해에 딸에게서 손녀의 이름을 지어달라는 편지를 받았다.

며칠 뒤 면회 온 딸에게 만델라는 작은 쪽지를 내밀었다.

그 쪽지에 적힌 손녀 이름을 보고 딸은 눈물을 흘리고 말았다.

손녀의 이름은 '희망'이었다.

절망하지 마라. 당신을 좌절의 감옥에 가둘 이는 아무도 없다. 당신을 가두는 사람은 오직 당신 자신뿐이다.

스스로 희망을 버리지 않는 한 그 누구도 당신에게 그것을 빼

앗아 갈 수 없다.

　만델라는 교도소 안에서도 장미를 키우듯 자신의 희망에 물을 주었다.

　그 희망은 나중에 국민의 희망으로 자랐고, 인류의 희망이 되었다.

　넬슨 만델라는 이런 말을 남겼다.

"설혹 삶이 감옥처럼 느껴질지라도 포기하지 마라. 희망의 싹이 트지 않거나 잎이 시들었다면 더 부지런히 물을 주어라. 사방이 벽으로 막힌 감옥에서도 희망의 꽃이 핀다. 절대 절대로 절망하지 마라! 지금은 힘들고 외로운 길이지만, 희망을 잃지 말고 최선을 다하면 장미꽃을 피운다."라고.

어느 의사의 유언

어느 마을에 유명한 의사가 살았다. 마을 사람들은 몸이 아프면 모두 그를 찾아가 치료를 받았다. 그 의사는 환자의 얼굴과 걸음걸이만 봐도 어디가 아픈지 척척 알아내 처방을 해주는 명의였다.

그런 그가 나이가 들어 세상을 떠나게 되었다. 마을 사람이 의사를 찾아가 그의 임종을 지켜봤다.

죽음을 앞둔 의사가 말했다.

"나보다 훨씬 훌륭한 세 명의 의사를 소개하겠습니다. 그 의사의 이름은 음식과 수면과 운동입니다. 음식은 위의 75%만 채우고, 절대로 과식하지 마십시오. 12시 이전에 잠들고, 해가 뜨면 일어나십시오. 그리고 열심히 걷다 보면 웬만한 병은 다 낫습니다."

 말을 하던 의사가 힘이 들었는지 잠시 말을 멈추었다. 그리고 다시 말을 이었다.

 "그런데 음식과 수면과 운동은 다음 두 가지 약을 함께 먹을 때 효과가 더 좋습니다."

 사람들은 조금 전보다 더 의사의 말에 귀를 기울였다.

 "육체와 더불어 영혼의 건강을 위해 꼭 필요한 건 웃음과 사랑입니다. 육체만 건강한 건 반쪽 건강입니다. 영혼과 육체가 고루 건강한 사람이 되십시오. 웃음은 평생 꾸준히 복용하십시오. 웃음의 약은 부작용이 없는 만병통치약입니다. 기분이 언짢거나 안 좋은 일이 생길 때는 더 많이 복용해도 됩니다. 사랑 약은 비상 상비약입니다. 이 약은 수시로 복용하십시오. 가장 중요한 약입니다."

 의사는 자신이 세상을 살면서 깨달은 가장 중요한 일을 사람들에게 알려 준 후 평안한 모습으로 눈을 감았다. 우리는 돈도 안 들고 처방전도 필요 없는 이 약을 얼마나 먹었는가?

친절의 힘

　미국 필라델피아의 한 작은 마을 축제에 많은 사람이 몰려들었다. 숙박업소는 여러 달 전에 이미 예약이 끝났다. 예약하지 못한 어느 노부부는 가는 곳마다 거절을 당하고는 새벽녘에 비에 흠뻑 젖은 채로 변두리에 한 호텔에 들어섰다.
　"초저녁부터 호텔을 찾아 헤맸으나 빈방이 없구려. 혹시 우리가 쉬어 갈만한 빈방 하나 없습니까?"
　호텔 종업원은 노부부를 보는 순간, 고향 자기 부모가 떠올랐다. 우선 난로 앞에 의자를 끌어다 놓고 앉게 한 다음 따뜻한 차를 대접했다.
　"먼저 몸부터 녹이세요, 요즘 감기는 워낙 심해서 한 번 걸리면 힘들어집니다. 저희 호텔도 축제 때문에 빈 객실이 없습니다.

누추하지만 제가 묵는 방을 쓰시겠다면 내드릴게요. 저야 젊으니 하룻밤쯤 새워도 끄떡없어요. 비용 걱정은 마시고요."

길거리에서 밤을 지새울 뻔한 노부부는 눈물이 날 정도로 고마웠다. 종업원의 안내로 옥탑방에 올라간 부부는 비좁은 방일망정 7성급 호텔 객실보다 더 훌륭하게 느껴졌다.

다음 날 아침 노부부는 평생 처음으로 편히 잤다며, 종업원에게 자신의 명함을 건네주었다. 그는 2천 개가 넘는 객실을 갖춘 뉴욕 월도프 아스토리아 호텔의 경영자 존 제이콥 아스터였다.

"젊은이를 우리 호텔의 총지배인으로 모시려고 하는데, 승낙해 주시구려."

순수한 친절이 시골 작은 호텔 야간 종업원을 뉴욕 최고급 호텔의 총지배인으로 전격 변신시켰다. 친절한 말, 친절한 미소에는 세금이 붙지 않는다. 그렇지만, 말로 표현할 수 없는 강력한 힘을 가졌다.

친절은, 먼저 활짝 웃는 밝은 얼굴로 타인을 배려한다. 또 긍정적이고, 감사의 말을 사용하며, 성실한 태도와 겸손한 자세로 최선을 다한다. 세상일 우연은 없다. 잘 되는 사람을 보면 잘 될 일을 한다. 그게 친절의 힘이다.

함께 나누는 행복

세계 3대 도시 빈민이 모여 사는 필리핀의 톤도에서 한 아이가 내게 물었다.

"작가님은 햄버거 먹어봤어요?"

"응, 그럼."

"햄버거는 어떤 맛인가요?"

"궁금하니?"

"정말 궁금해요. 사람이 잠들기 전에 상상하면 생각했던 일이 꿈에 나온다고 하잖아요. 그래서 생각날 때마다 잠들기 전에 햄버거를 상상해 보곤 했는데, 꿈에 잘 나오지 않아요. 사실, 본 적도 없고, 먹어본 적도 없으니 제대로 상상조차 할 수 없어요."

나는 다음 날 아침 일찍 시내로 나가 아이가 넉넉하게 먹게 햄버거를 3개 사서 등교한 아이 가방에 몰래 넣어 두었다.

그런데 이상하게도 아이는 햄버거를 먹지 않았다.

공책과 필기도구를 꺼내기 위해 분명 가방 안을 들여다봤을 테고, 햄버거의 존재를 알아차렸을 텐데, 아니, 냄새만 맡아도 눈치를 챘을 텐데….

아이에게 다가가 물었다.

"혹시 가방 안에 햄버거 발견하지 못했니?"

"아니요, 알아요. 하지만 햄버거를 준 분에게 고맙다고 말하지도 못했는데 어떻게 그냥 먹겠어요? 혹시 작가님이 넣어 주신 건가요?"

"응, 그래. 알았으니 이제 어서 먹어 상하기 전에…."

"아, 고맙습니다."

아이는 웃으며 대답을 하더니 주변을 살폈다. 순간, 혼자 3개를 모두 먹고 싶은 마음에 주변 친구들의 눈치를 보는 게 아닐까 의심했다. 하지만, 아이의 행동에 나는 크게 반성하지 않을 수 없었다.

아이는 친구를 경계한 게 아니라, 친구들의 수를 헤아린 거였으니까.

식당에서 칼을 가져온 아이는, 햄버거 3개를 15개로 잘라서 친구들과 함께 나눠 먹었다.

"왜 나누는 거니? 햄버거 먹는 게 소원이었잖아."

"혼자 먹으면 혼자만 행복하잖아요. 이렇게 많은 친구가 함께 사는데 혼자만 행복하다면 그건 진짜 행복이 아니라는 생각이 들어서요. 나눠 줄 수 없다는 건 불행이니까요. 조금만 먹어도 저는 행복해요. 우리가 모두 함께 먹었으니까요."

최악의 빈민가에 사는 아이들. 그들은 황폐한 곳에서 불행한 운명을 타고났지만, 고통 속에서도 밝은 내일을 꿈꾼다.

쓰레기로 가득한 동네에 살지만, 세상을 바꿀 엄청난 꿈을 갖고 산다.

어떤 사람은 아이들이 불행한 운명을 타고났다고 말한다.

그러나 내 생각은 다르다. 왜냐? 정말 불행한 건, 엄청난 돈과 시간을 쏟아붓고도 불행에서 빠져나오지 못하는 우리가 아닌가.

어느 할머니의 손녀 사랑

 유난히 추운 겨울날, 종일 몸살감기로 열이 펄펄 끓던 언니가 기어이 자리에 눕고 말았다. 할머니와 엄마는 끙끙 앓는 언니의 이마에 찬 수건을 연신 갈아붙이며 잠시도 곁을 떠나지 않았다.
 밤이 깊어지면서 언니는 조금씩 정신을 차리는 듯했다.
 엄마는 하루 내내 하나도 먹지 못한 언니한테 먹고 싶은 걸 말하라고 했다. 그러자 언니는 기어서 들어가는 목소리로 '초코우유가 먹고 싶어'라고 했다. 하지만 가게는 읍내까지 십 리 떨어진 먼 길이었다.
 버스도 끊긴 지 오래여서 읍내까지 나갈 일은 꿈도 못 꾼 채 식구들은 초코우유 대신 꿀차를 먹이고는 잠을 자게 했다.
 그때 할머니가 자리를 툭툭 털고 일어나셨다.

"아이고, 와 이리 밤이 기노? 변소 좀 갔다 올란다."

그렇게 자리를 뜬 할머니는 몇 시간이 지났는데도 돌아오지 않으셨다.

화장실에도 없고, 혹시 어디에 쓰러지기라도 하셨나 걱정이 되어 집 안 구석구석을 다 뒤지고 동네 앞까지 나가 보았지만 헛일이었다. 그렇게 온 식구가 집 밖에서 초조하게 할머니를 기다렸을 때, 저만치 어둠 속에서 희끄무레한 물체가 움직이는 게 보였다.

할머니였다. 우르르 달려간 우리는 오들오들 떠는 할머니에게 어떻게 된 일이냐고 다그쳤다. 그러자 할머니는 가슴께에서 무엇인가를 꺼내셨다. 그것은 놀랍게도 초코우유였다.

"돈이 없어 하나밖에 못 샀다. 이름 까먹을까 봐 계속 외면서 갔다아이가."

얼른 받아든 초코우유는 할머니의 품 안에서 따듯하게 데워졌다.

숙연한 마음으로 할머니 뒤를 줄줄이 따라가는 우리 가족의 머리 위로 또랑또랑한 별빛이 쏟아져 내렸다.

인생 역전의 주인공

『마지막 잎새』를 쓴 유명한 오 헨리는 시골 은행원 출신인데, 재직 시에 부정 지출한 일 때문에 옥살이하고, 소설을 쓰기 시작하여 명성을 얻었다.

오하이오주의 양심이라 일컫는 존 그렌은 상원으로서 우주 과학을 대표할 만큼 큰 명성을 얻은 사람이다. 그렇지만, 사실 그는 상원의원에 출마하는 날 목욕탕에서 쓰러져 좌절 상태에 빠졌다가 10년 만에 좌절을 이기고 상원의원에 당선됐다.

『돈키호테』를 쓴 세르반테스는 해군 장교로 부정에 개입되어 옥살이하면서 이 소설을 쓰게 되었다. 프랭클린 루스벨트 대통령은 39세까지 소아마비 증세로 다리를 절고 고생했다. 하지만 은퇴하는 그날까지 미국 대통령직을 역사상 처음으로 네 번이나 지낸 사람이다. 제임스 캐그니라는 유명한 배우도 음식점의 웨이터로 불우한 젊은 시절을 보냈다. 그러나 그는 후에 미국, 영국, 독일, 일본 등지에서 개성 강한 배우로 인기와 존경을 받았다. 봅 호프라는 미국의 희극배우를 모르는 사람은 없다. 그는 만담가로 유명한 희극배우일 뿐만 아니라, 모든 면에 지대한 영향력을 끼치는 인물이다. 그는 젊은 시절에는 이름 없는 권투 선수로서 한 달에 겨우 200불(15만 원)쯤 버는 가난뱅이였다. 투르먼 대통령은 잡화상 점원, 극인, 약장사, 약사를 거쳐서 당대의 유명한 미국의 부통령을 지냈다.

슈베르트라 음악가는 어떠했는가?

그는 가난에 지쳐 31세에 죽었던 그야말로 불쌍한 사람이었다. 그는 죽는 날까지 피아노 한 대가 없는 음악가였다. 그렇지만 '아베마리아'와 은 유명한 곡을 남겼다. 그것도 오선지 한 장 없는 레스토랑의 웨이터로서! 레이건 대통령은 아나운서, 스포츠 해설가, 배우 등으로 별로 유명한 사람이 아니었지만 멋지게 주지사, 대통령을 지낸 이혼 경력의 성공자였다.

이들이 얼굴과 직업을 바꿀 때마다 얼마나 고민하며 괴로워했겠는가?

그러나 이들은 역사의 엄연한 인생 역전의 주인공이었다.

행복을 느끼는 감도

조용한 어촌 마을 바닷가에서 한 어부가 악기를 연주하며 흥겹게 노래를 불렀다. 그때 곁을 지나가던 나이 든 사업가가 어부에게 말을 건넸다.

"아직 일할 시간이 꽤 많이 남았는데 일은 안 하고 놀아도 괜찮습니까?"

어부는 웃으며 대답했다.

"밤새 잡은 생선은 시장에 내다 팔았고, 가족들 먹을 만큼 남았으니 이제 한가롭게 낮잠도 자고, 아이들과 놀아주고, 아내와 못한 이야기도 하고, 친구들도 만나고, 이렇게 노래도 하고 뭐 그런 거지요."

"제가 당신에게 부자가 되는 방법을 알려드리지요. 우선 열심히 돈을 벌어서 배를 몇 척 더 준비하세요. 그렇게 해서 지금보다 더 많은 생선을 잡으세요. 그리고 모은 돈으로 통조림 공장을 운영해서 당신이 잡은 생선을 전 세계로 수출하는 겁니다. 앞으로 10년 이상 잠도 못 잘 정도로 바쁘고, 자신을 위한 시간은 없겠지만, 당신은 분명 큰 부자가 될 겁니다."

어부는 가만 웃으며 사업가에게 말했다.

"큰 부자가 되면 뭐가 좋습니까?"

"근사하고 여유로운 휴가를 즐기지요. 자기 배로 낚시도 하고, 낮잠도 자고, 아이들과도 놀고, 아내와 이야기도 하고, 친구들도 만나고, 노래도 하면서 즐겁게 시간을 보내지요."

"듣고 보니 근사하군요. 근데 지금 내가 그것을 다하고 살잖아요."

빈틈의 여유

 이란에서는 아름다운 문양으로 섬세하게 짠 카펫에 의도적으로 흠을 하나 남겨 놓는다. 그것을 '페르시아의 흠'이라 부른다.
 인디언은 구슬 목걸이를 만들 때, 깨진 구슬을 하나 꿰어 넣는다. 그것을 '영혼의 구슬'이라 부른다.
 심리학자의 연구 결과를 인용하지 않더라도 우리는 완벽한 사람보다 어딘가에 부족한 듯이 빈틈을 보이는 사람에게 인간미와 매력을 느낀다.
 제주도의 돌담은 여간한 태풍에도 무너지지 않는다.
 돌담을 살펴보면, 돌과 돌의 사이를 메우지 않아 틈새로 바람이 지나가기 때문이다.
 인간관계도 마찬가지이다.

다른 사람이 들어설 빈틈을 가져야 한다.

사람과 사람 사이에 물리적 틈새가 아닌 제3의 공간인 틈새가 존재할 때 인간관계가 형성된다. 내 마음에 빈틈을 내고, 나 자신의 빈틈을 인정하고, 다른 사람의 빈틈을 받아들이는 게 돌담처럼 태풍에도 무너지지 않는 인간관계를 만드는 비결이다.

타조는 멍청하지 않다

타조는 적이 가까이 다가오면 모래 속에 머리를 처박는다. 이 모습을 본 많은 사람으로부터 괜한 오해를 받는다.

'자기 눈을 가려서 천적이 안 보이게 되면 천적이 사라졌다고 생각하는 거야?'

사람들은 타조가 워낙 머리가 나빠 모래 속에 머리를 처박은 채 몸을 다 숨겼다고 착각한다. 하지만 타조의 이런 행동에는 또 다른 이유를 가졌다.

우선은 자신의 큰 몸을 웅크려서 감춘다.

타조의 평균 신장은 2m가 넘는다.

적이 나타나면 그 커다란 몸을 숙여 적의 눈을 피한다. 그리고 땅속에 머리를 숙이는 더 큰 이유는 땅으로 전해지는 소리를 들고 주위 상황을 살피기 위해서이다.

  타조는 보기보다 판단력이 우수하고, 청력이 매우 좋다. 땅속으로 머리를 넣어 접근하는 육식동물의 발소리를 통해서 상대의 크기와 위치를 판단한다. 그런 탐색을 통해 달아나야 할 방향을 재빨리 파악하고, 시속 80km의 속도로 달아난다.

  누가 바보일까?